JOURNAL ASIATIQUE

OU

RECUEIL DE MÉMOIRES

D'EXTRAITS ET DE NOTICES

RELATIFS À L'HISTOIRE, À LA PHILOSOPHIE, AUX LANGUES
ET À LA LITTÉRATURE DES PEUPLES ORIENTAUX

LE MANUSCRIT KHAROṢṬHI
DU DHAMMAPADA

LES FRAGMENTS DUTREUIL DE RHINS

PAR M. ÉMILE SENART

(EXTRAIT DU N° DE SEPTEMBRE-OCTOBRE 1898)

PARIS

IMPRIMERIE NATIONALE

M DCCC XCVIII

LE MANUSCRIT KHAROṢṬHI DU DHAMMAPADA

LES FRAGMENTS DUTREUIL DE RHINS

LE MANUSCRIT KHAROṢṬHI
DU DHAMMAPADA

LES
FRAGMENTS DUTREUIL DE RHINS

PAR

M. ÉMILE SENART

EXTRAIT DU JOURNAL ASIATIQUE

PARIS
IMPRIMERIE NATIONALE

M DCCC XCVIII

LE MANUSCRIT KHAROṢṬHĪ
DU DHAMMAPADA.

LES FRAGMENTS DUTREUIL DE RHINS.

L'année dernière, M. Grenard, en classant les papiers de la mission Dutreuil de Rhins, y retrouva, en trois cahiers, les fragments d'un manuscrit ancien sur écorce de bouleau. Un examen rapide me permit de reconnaître que nous étions en présence d'une récension prâcrite du Dhammapada, écrite en caractères dits *kharoṣṭhī*. Je rendis compte aussitôt à l'Académie des inscriptions, en sa séance du 14 mai 1897[1], de la trouvaille et en fis ressortir le haut intérêt. Il est superflu de reproduire ici les premiers détails que je donnai alors sur la condition dans laquelle les fragments avaient été remis entre mes mains, les précautions que je m'étais hâté de prendre pour en assurer la conservation. Je renvoie à la notice qu'ont publiée les *Comptes rendus*.

[1] Voir les *Comptes rendus*, IVe série, t. XXV, p. 251 et suiv.

On y trouvera incorporée une note où M. Grenard a relaté avec précision les circonstances dans lesquelles ces précieux restes avaient été découverts; il y a marqué le lieu exact où ils auraient été recueillis, le Koumâri Mazar à 21 kilomètres de Khotan, dans la vallée du Karakâch Dâria. Depuis, M. Grenard a restitué à cet emplacement son nom ancien; il l'a identifié par des motifs très plausibles avec le Gośṛṅgavihâra de Hiouen-Thsang[1].

L'indigène à qui les scrupules des musulmans avaient forcé nos missionnaires de confier l'exploration de la grotte, avait-il détourné une partie des restes qu'il y avait rencontrés? Ce qui est sûr, c'est que, très peu de temps après la communication faite à l'Académie, j'apprenais que, par l'intermédiaire de l'agent de Russie à Khotan, M. Petroffsky, dont le nom est déjà attaché à plusieurs acquisitions importantes des collections de Saint-Pétersbourg, des fragments d'un manuscrit kharoṣṭhî du Dhammapada avaient été acheminés vers cette ville. Le Congrès international des orientalistes, réuni à Paris en septembre dernier, fournit à M. Serge d'Oldenburg l'occasion de soumettre aux indianistes le fac-similé d'un de ces fragments; nous pûmes nous convaincre que ceux de Saint-Pétersbourg et ceux de Paris provenaient d'un seul et même livre. Si le moindre doute avait pu subsister, il serait levé aujourd'hui : un frag-

[1] *Comptes rendus de l'Académie des inscriptions*, séance du 15 avril 1898.

ment, dont M. d'Oldenburg m'a donné communication depuis, se rajuste exactement à l'un des nôtres. J'ajoute que la partie arrivée en Russie est plus étendue et surtout mieux conservée que celle que nous possédons.

Cette circonstance différa l'étude qu'attendait notre manuscrit Dutreuil de Rhins. M. d'Oldenburg voulut bien songer d'abord à une publication commune de nos fragments respectifs; une pareille collaboration m'eût été, avec lui, ai-je besoin de le dire? tout particulièrement agréable. Il y fallut renoncer à cause des dénominations diverses que devaient garder des manuscrits venus par des canaux différents; d'ailleurs les reproductions étaient déjà prêtes de part et d'autre; elles eussent manqué d'homogénéité. En renonçant, non sans regret, à ce plan, nous ne pouvions méconnaître combien il était souhaitable pour chacune des publications partielles que l'éditeur, avant d'arrêter ses lectures, eût connaissance, au moins en fac-similé, de tous les fragments conservés. Des empêchements personnels, et surtout, malheureusement, des raisons de santé, sont venus à la traverse; je n'ai pu recevoir qu'au bout d'un temps assez long les photogravures du manuscrit de Saint-Pétersbourg, et, pour une partie, la transcription de M. d'Oldenburg. Il a bien voulu me laisser beaucoup de latitude pour l'usage que je jugerais à propos d'en faire. Mais chacun comprendra la réserve qui m'était imposée. Si M. d'Oldenburg avait publié sa notice, je n'aurais pas hésité à reproduire ici sa transcription, comme je l'avais volontiers autorisé à reproduire la mienne, de façon que chaque travail contînt toutes les parties du texte qui ont survécu. Mais, ma notice s'imprimant avant que j'aie connaissance de la sienne, je ne pouvais déflorer son travail ni le prévenir. Je me suis donc borné à relever dans son texte quelques faits assez rares, à y faire quelques emprunts assez courts pour ne pas risquer de paraître trop indiscret.

Il est évident que les observations générales, les conclusions paléographiques, grammaticales ou littéraires que notre manuscrit est de nature à suggérer doivent forcément se fonder sur une étude intégrale des textes et se référer à une publication complète. Ma tâche se borne donc, quant à présent, à décrire nos fragments de Paris auxquels notre juste gratitude attache le nom de Dutreuil de Rhins, à les transcrire et à les interpréter.

Tels qu'ils se présentent aujourd'hui, après avoir été, au fur et à mesure qu'ils étaient développés, étendus entre des plaques de verre, les fragments que nous possédons se décomposent de la façon suivante :

Des trois cahiers, le premier a donné quatre morceaux suivis que j'appelle A[1], A[2], A[3], A[4], plus environ vingt-huit débris, la plupart très petits, plusieurs contenant à peine quelques restes de caractères ; — le second, une grande feuille que j'appelle B, plus vingt-sept débris dont une dizaine seulement de dimensions appréciables; — le troisième, une grande feuille, qui, contrairement à ce qui se produit pour les autres, est inscrite au recto et au verso et que je désigne par C^{ro} et C^{vo}, et, en outre, environ cinquante-sept morceaux dont quelques-uns sont un peu plus étendus que ceux qui proviennent de A et B, dont plusieurs (exactement six) sont, ainsi que l'on pouvait s'y attendre d'après ce qui se passe pour la feuille principale, inscrits sur les deux faces. J'ajoute, en ce qui concerne les petits fragments C, que la couleur des deux côtés étant différente, l'un beaucoup plus foncé que l'autre, on peut à première vue discerner ce qui appartient à ce que je désigne, d'ailleurs au hasard, comme le recto et le verso de la feuille dont ils sont détachés.

L'état dans lequel le manuscrit m'a été confié ne laissait subsister aucun criterium extérieur pour déterminer la place qui avait primitivement appartenu à chacun des fragments. Je n'ai donc pu que disposer côte à côte ces petits débris, étant bien entendu que le rang relatif qu'ils occupent actuellement sous le verre n'a été déterminé que par le hasard ou la commodité de la distribution. On verra par la suite qu'ils se laissent, pour un certain nombre, rapporter avec certitude à la place que d'origine ils tenaient sur les feuillets principaux : ils en comblent partiellement les lacunes. Certains ajustements ont dû m'échapper qu'un autre sera plus habile à découvrir. Je ne pouvais pourtant multiplier les planches à l'infini pour donner des fac-similés de tous ces débris, la plupart si menus. J'ai, du moins, essayé une transcription de tous ceux où m'apparaissait un déchiffrement probable. Les personnes qui étudieront de près notre manuscrit se rendront compte, sans que j'y insiste, des chances d'erreur, tout au moins des graves incertitudes qui s'attachent à ces tentatives de lecture qu'un contexte complet n'aide pas à contrôler.

Quant aux morceaux principaux, je les reproduis tous les sept en fac-similé phototypique. Le format du *Journal asiatique* m'a forcé de les ramener aux neuf dixièmes de la dimension originale. Il ne m'a pas semblé que cette réduction légère fût, en aucun cas, de nature à rendre plus difficile l'étude des formes graphiques ni risquât de compromettre le contrôle nécessaire de mes lectures.

Le manuscrit est composé de feuilles d'écorce de bouleau. Ces feuilles ne se présentent pas, comme dans les manuscrits de l'Inde auxquels nous sommes accoutumés, sous forme de rectangles allongés, inscrits des deux côtés, superposés et reliés par une attache traversant le milieu ou les côtés de chaque feuillet. Si les cassures qui apparaissent assez régulièrement vers le milieu de nos feuillets B et C pouvaient à cet égard inspirer quelque doute, il serait exclu non seulement par nos fragments A, mais, d'une façon encore plus décisive, par les feuilles conservées à Saint-Pétersbourg et dont plusieurs au moins[1]

[1] Toutes celles dont j'ai entre les mains des fac-similés; je ne puis affirmer si elles comprennent tout l'ensemble.

ne portent, ni au centre ni aux extrémités, aucune trace d'ouverture.

La largeur des feuilles est d'environ 20 centimètres. Elles sont consolidées dans le sens de la hauteur par une ficelle mince cousue de chaque côté, à un centimètre environ du bord de la feuille. Quant à la hauteur primitive des feuillets, je ne vois aucun moyen de la déterminer avec précision; outre qu'ils pouvaient fort bien être inégaux, il n'en est aucun, ni à Paris, ni, que je sache, à Saint-Pétersbourg, qui soit conservé intégralement. Un des feuillets de Saint-Pétersbourg se raccorde exactement au haut de notre feuillet B. Je trouve environ 1 m. 23 pour la hauteur totale de l'ensemble[1]; mais notre feuillet B est incomplet par en bas, et il est impossible de savoir ce qui en manque. On voit au moins que ces feuillets étaient longs. Une fois écrits, ils étaient repliés sur eux-mêmes de façon à se présenter sous l'aspect de cahiers de 20 centimètres de long sur une hauteur de 4 centimètres et demi à 5 centimètres. Étant donné l'état où nous sont parvenus nos fragments, nous ne pouvons d'ailleurs décider si et comment ils

[1] J'admets que la planche que m'a communiquée M. S. d'Oldenburg figure exactement l'état du feuillet de Saint-Pétersbourg. Le raccordement qui s'accuse vers le milieu ne correspondrait pas à une rupture, mais s'expliquerait par le fait que la photographie a été faite en deux fois. Les deux clichés n'ont pas, du reste, été pris dans des conditions rigoureusement identiques; car les deux parties de la feuille ne sont pas exactement à la même échelle. La partie inférieure sur laquelle se raccorde notre fragment B est, en large, supérieure d'environ 7 à 8 millimètres à la dimension vraie de l'original.

étaient primitivement destinés à être rattachés les uns aux autres.

Cette disposition semble impliquer le parti pris de n'écrire que d'un seul côté de la feuille. C'est aussi l'ordinaire. Cependant notre feuillet C est inscrit des deux côtés, recto et verso. Et parmi les menus fragments provenant du cahier A, dont les fragments principaux ne portent de caractères que sur une face, j'en relève un qui en porte sur les deux et un autre qui n'a de traces d'écriture que sur le côté que sa couleur plus foncée signale comme la face extérieure, celle qui, habituellement du moins, n'est pas inscrite[1].

Je n'ai pas jusqu'ici découvert d'observation qui permette d'assigner avec vraisemblance à nos divers morceaux leur place relative dans la suite de l'ouvrage que le manuscrit était, dans son intégrité, destiné à reproduire. Je ne puis donc que donner ici la transcription dans l'ordre où j'ai d'abord fait le dépouillement, sans préjuger des lumières nouvelles que l'étude complète de toutes les parties conservées devra par la suite jeter sur leur agencement.

La plupart des stances contenues dans notre manuscrit se retrouvent sous une forme plus ou moins différente dans les écrits bouddhiques connus, et

[1] Cette statistique n'a qu'une valeur très relative ; il se peut que d'autres fragments aient été primitivement inscrits sur les deux faces ; beaucoup de ces petits morceaux sont extrêmement minces et ne représentent plus qu'une pellicule superficielle détachée par le temps ; l'écorce ayant ainsi été fendue dans le sens de l'épaisseur, nous ne pouvons savoir quel était l'aspect du verso qui a disparu.

tout particulièrement dans le Dhammapada pâli. Partout où j'ai découvert une version parallèle, j'ai pensé qu'il serait commode d'avoir sous les yeux les deux textes. J'ai fait exception bien entendu pour les ressemblances trop vagues ou trop partielles. J'ai accompagné chaque strophe des éclaircissements ou des remarques qui m'ont semblé utiles. Le numérotage des lignes est ajouté en marge. Pour les petits fragments, comme je ne les reproduis par en facsimilé et laisse de côté tous ceux qui ne se prêtent pas à une transcription vraisemblable, il ne me restait qu'à attacher à chacun un numéro d'ordre pour faciliter les références. Je représente par un petit cercle la figure, assez comparable, qui marque sur le manuscrit la fin de chaque strophe.

A[1]

1 . . . pratasuhino apramadaviha . .

Je suppose que *apramadaviha* est le reste de *apramadaviharino*, que nous retrouvons par exemple, *Itivut.*, éd. Windisch, p. 74, l. 25, également au génitif. *Pratasuhino* doit être de même un génitif singulier = *prāptasukhinaḥ*. Il est clair que les deux mots pourraient être aussi des nominatifs du pluriel.

2 apramadi pramodia[a] ma gami ratisabhamu[b]
apramato hi jhayatu[c] viśeṣa adhikachati[d] o

Cf. Dhammap., 27 :

mā pamādam anuyuñjetha mā kāmaratisanthavaṁ
appamatto hi jhāyanto pappoti vipulaṁ sukhaṁ

a. Pramodia = pâli *pamodeya*, avec chute du *y*, cf. *niraeṣu*, l. 4, *sevea*, A[2], 2, etc., et changement de *e* en *i* comme si souvent, et non pas seulement à la fin des mots, dans les locatifs comme *apramadi*. De même A[3], 13. — *b.* Cette lecture me paraît de toute façon supérieure à celle du Dhammapada; *sambhrama* est meilleur que *saṁstava*, mais surtout *gami* est si évidemment préférable à *kāma* (pour notre texte l'hypothèse d'une erreur matérielle est exclue par l'absence de *mā* dans le premier pâda), que je ne puis douter que la lecture du pâli ne résulte d'une faute. Probablement il s'agit d'une erreur ancienne, et elle pourrait faire penser que la rédaction pâlie repose sur quelque version conçue dans un prâcrit analogue à celui de notre manuscrit, où la substitution de la ténue à la sonore (cf. *adhikachati*, etc.) était fréquente. — *c.* Il reste au-dessus du Y trace du trait horizontal qui, suivant une observation qui appartient à M. d'Oldenburg, marque dans notre manuscrit l'aspiration du *j*. — *d.* On pourrait incliner à lire *viśeṣaṁ*; mais le bas de la haste dans l'*ṣ* ou dans les caractères analogues est si souvent contourné, dans des cas qui excluent l'interprétation *ṁ* (cf. *gami* de la ligne suiv., l'*ṣ* de *ṣavaka*, A[4], 6, etc.), et la notation probable de l'anusvâra est dans notre manuscrit si rare (je n'en connais pas un exemple certain dans nos fragments de Paris), que je n'hésite pas à transcrire comme j'ai fait.

3 apramadi pramodia ma gami ratisabhamu
apramato hi jayatu[a] chaya dukhasa pramuni[b] o

Cf. le vers du Dhammap. cité à la ligne précédente.

a. Cette fois le signe de l'aspiration manque au-dessus du *j*, comme souvent d'ailleurs. Mais l'examen paléographique nous ramènera à cette particularité curieuse. — *b.* Scil.

kshayaṁ duḥkhasya prāpnuyāt. Pamani = pâli *pāpune*. Aux lignes 6 et 7 nous allons retrouver successivement *amoti* pour *āpnoti*, et *pranoti* pour *prāpnoti*. La nasalisation du *p* en *m* ne paraît pas uniquement imputable au souvenir du groupe *pn*, survivant à sa disjonction en *pun*; car je relève B, 24 : *mano* = *punaḥ*, pâli *puna*.

4 . . . . rata bhodha[a] khano yu ma uvacai[b]
khanatita (h)i śoyati niraeṣu samapi[c].

Cf. Dhammap., 315 :

.... khaṇo ve mā upaccagā
khaṇātītā hi socanti nirayamhi samappitā

a. Nul doute qu'il ne faille restituer : *apramadarata*, comme au vers suivant. *Bhodha* pour *bhotha* comme ordinairement ici. — *b. Yu* = *vaḥ*; A², 7, nous trouverons *bhadraña* = *bhadraṁ yu*, scil. *bhadraṁ vaḥ*. Il faut de même dans le texte du Dhammap. écrire *vo* pour *ve* (= *vai*). Nous retrouverons *uvacai* = *upaccagā* B, 3; *uvacai*, c'est-à-dire *uvacaya*, *ya* étant fréquemment écrit *i*; cf. ll. 6, 7 *nai* = *nāyaṁ*, *prahai* = *prahāya*, A², 7, etc. Le *g* tombe parfois complètement entre deux voyelles : *roa* = *roga*, C^vo^, 3; à plus forte raison peut-il s'affaiblir en *y*. — *c.* A compléter, bien entendu : *samapita*.

5 apramadarata bhodha sadhami supravedite
drugha udhvaradha[a] atmana pagasana va kuñ[b] ....

Cf. Dhammap., 327 :

appamādaratā hotha ....
duggā uddharathattānaṁ paṅke sanno va kuñjaro

a. Toutes les analogies commandent de lire *udhvaradha*, pour *uddharadha*. Nous trouverons ailleurs *utvari* pour *uttari* (B, 37). Comme, dans les deux cas, le groupe est précédé d'un *u* initial, on peut penser que c'est ce voisinage qui explique cette orthographe bizarre, et que, en réalité, elle correspond à une prononciation *vudharadha, vutari*, l'écriture ayant transposé ici le *v* comme elle fait l'*r* de *drugha*. — *b*. Malgré sa mutilation partielle, la dernière lettre est certaine; c'est *kuñ[aro]* qu'il faut lire, ou, ce qui revient au même, *kuñaru*, que nous retrouverons tout à l'heure, A², 4.

6 nai kalu[a] pramadasa aprati[b] asavachaye
pramata duhu amoti[c] siha ba muyamatia[d] o

a. J'ai indiqué tout à l'heure qu'il faut entendre en sanscrit: *nāyaṁ kālaḥ*. — *b*. *Aprāpte*. Cf. Dhammap., v. 253, 272. — *c*. Pour *amoti*, cf. au v. 3. L'omission habituelle de l'anusvâra ne nous permet pas de décider si nous sommes en présence du singulier ou du pluriel, si *pramata* = *pramattaḥ* ou *pramattāḥ*, et *siha* = *siṁhaḥ* ou *siṁhāḥ*. Je tiens cependant pour la première solution, et à cause du vers suivant où le singulier est assuré et à cause de la comparaison qui, suivant toute apparence, porte sur « un certain lion ». La désinence *o* est fréquemment représentée par *a*. A la l. 5, nous avons eu *pagasana va kuñ[aro]*. La lecture *mo* ne saurait être douteuse, bien que la voyelle semble écrite d'une manière exceptionnelle au lieu de . Nous avions *dukha*, à la l. 3; mais l'orthographe *duha* est de beaucoup la plus usitée. — *d*. Je crois bien qu'il faut lire *mu*; la comparaison de C^vo, 2, semble le prouver; il faut avouer pourtant que l'*m* affecte une forme peu ordinaire. Il est vrai que, si l'on voulait lire *kha*, l'autre interprétation qui se présente aisément à l'esprit, la forme du *kh* ne serait pas non plus régulière, le retour de la boucle sur la droite étant en général beaucoup plus accusé. Si l'on prend *ba*=*va*, *iva*, comme ailleurs (par exemple A², 4), les deux locutions *khayamatia* ou *muyamatia*, l'une et l'autre possibles graphiquement, demeurent pour moi également obscures, faute peut-être de connaître ou de me rappeler quelque conte auquel il serait fait ici allusion. Dans la première hypothèse nous aurions *kshayamatyā;* dans la seconde, je pense *mṛgamatyā.* On pourrait dans le second cas imaginer, par exemple, une histoire où le lion se perdrait pas sa négligence, en se figurant avoir affaire à une gazelle, au lieu de quelque ennemi redoutable. Mais, en l'absence d'un vers parallèle que je n'ai pas retrouvé jusqu'ici, je ne puis que laisser toute décision en suspens. Le reste de la strophe se traduit aisément : « Il ne faut pas se relâcher jusqu'à ce qu'on ait détruit en soi les passions. »

7 nai pramadasamayu aprati asavachayi
apramato hi jayatu pranoti paramu sukhu o

Cf. Dhammap., 27 :

....

appamatto hi jhāyanto pappoti vipulaṁ sukhaṁ

8 .... ga[a] 25

a. Ga, c'est-à-dire, bien entendu *gā(thāḥ).* Le chapitre contenait 25 stances.

Je ne puis rien faire d'utile des trois petits fragments qui figurent sur la gauche de la planche et qui ne paraissent se raccorder nulle part au morceau principal. Celui du milieu donne quelques caractères sûrs :

. . . . kama ciṭhatu. . . . .

où *ciṭhatu* peut être = *tiṣṭhantaḥ.*

A[2]

1 . . madenamakabha devanasamidh(i)gat.

....

Ne me souvenant d'aucun passage parallèle dans le Dhammapada ni ailleurs, je ne vois, quant à présent, rien de vraiment utile à dire sur ce fragment. La coupure même des mots est douteuse. Je veux seulement faire remarquer que les caractères *t* et *d* sont trop semblables pour que l'on puisse être jamais affirmatif sur la transcription de l'un et de l'autre, quand le sens du contexte n'est pas là pour guider la lecture. La vocalisation du *dh* de *samidhi* n'est que probable. *Kabhu* peut fort bien représenter *garbha*. Mais je ne veux insister que sur la lecture du dernier caractère . On le lit habituellement *ph* (cf. Bühler), et je l'ai lu moi-même ainsi dans le nom *Gudupharasa* de l'inscription de Takht i Bahi (*Notes d'épigr. ind.*, III). Mais c'est, je crois, une transcription qui veut être revisée. La forme normale du *ph* est  ou, comme ici, une légère variante, ; on la peut comparer dans *phalana* C^ro, 8 et ailleurs.  est-il un doublet de *ph* ou un doublet de *bh*? En dehors du présent passage où l'interprétation du signe reste douteuse, il reparaît, B, 7, dans *abhai;* B, 20, 21, dans *salabhu;* C^ro 7, 18, 21, dans *ṣebho* (= *śreyaḥ*); C^ro, 3, 16, 17, dans *prabhaṁguna;* dans tous ces mots c'est *bh* que nous attendons, et tout particulièrement dans *ṣebho* que nous trouvons bien écrit *ṣehu* mais où le durcissement en *ph* serait tout à fait singulier. J'ajoute que, dans un cas tout au moins, B, 21, à côté de *salabhu* écrit par , nous rencontrons *apalabho* écrit par . Sans être décisif, l'orthographe étant ici traversée par beaucoup d'inconséquences, le fait semble indiquer que notre dialecte conservait ordinairement le *bh*. Une solution certaine ne pourra intervenir qu'après que tous les monuments où paraît le caractère  auront été vérifiés de ce point de vue. En attendant, je me suis décidé à le lire partout *bh* et non *ph*. J'ai transcrit conformément à cette conclusion; mais je n'ai pas manqué de noter, dans chaque cas particulier, quel signe représentait la transcription.

2 . na dhama na sev . a[a] pramadena na savasi

michadiṭhi na roy.a[b] na sia lokavaḍhano[c]

Dhammap., 167 :

hīnaṁ dhammaṁ na seveyya pamādena na saṁvase
micchādiṭṭhiṁ na seveyya na siyā lokavaddhano.

a. La comparaison de Dh. 167 permet de compléter [*hi*]*na* et, probablement, *sev*[*e*]*a.* — *b.* Pour *rocayati* équivalant à *sevayati*, cf. Dhammap., p. 122, l. 15 : *kassa tvaṁ dhammaṁ rocesi* : « de qui approuves-tu, suis-tu la loi ? ». Nous avions tout à l'heure *śoyati* pour *śocati*. Il est probable que le manuscrit portait *royea.* — c. Childers (s. v.) déclarait qu'il n'avait aucune idée du sens précis de *lokavaddhana.* M. Fausböll transcrit la signification étymologique : « mundi amplificator », et la traduction de M. Max Müller : « a friend of the world », est assez vague. Je soupçonne que la locution s'appuie sur l'expression *kula-* ou *vaṁśavardhana*, et que notre vers conseille de ne pas augmenter le nombre des êtres, c'est-à-dire, d'une part, de renoncer au désir, de l'autre, d'atteindre à la perfection qui clôt le cercle du saṁsāra.

3 yo tu puvi pramajati[a] pacha su na pramajati
so ita loku ohaseti abha muto va suriu[b] o

Dhammap., 172 :

yo ca pubbe pamajjitvā pacchā so nappamajjati
so imaṁ lokaṁ pabhāseti abbhā mutto va candimā

a. Il n'y a aucun doute sur la lecture *tu.* Le *ca* du Dhammap. a, comme souvent, un sens adversatif tout à fait équivalent. Le pli de l'écorce rend très indistincte la lecture des deux derniers caractères; il semble certain que le *t* final était accompagné d'un *i*; celui qui surmontait le *j* est au contraire très douteux; je me décide donc à transcrire *pramajati*. A tout prendre, cette lecture donne une construction équivalente pour le sens à *pamajjitvā* du Dhammap., mais plus correcte; car elle ne laisse pas en l'air, et sans verbe fini, le relatif *yo*. Cependant la lecture vraie pourrait bien être *pramajiti* ou *pramajeti* = *pramajitva*; non que la forme se justifie aisément, car il faut admettre une orthographe *ti* pour *tvā* qui rentre mal dans les analogies, mais il semble que, à la ligne 8, où je renvoie, *parivajeti* soit de même = *parivajetva*. — *b*. Nous avons déjà plusieurs fois rencontré *i* pour *e* même à l'intérieur des mots. Bien que *imaṁ* soit plus naturel, *etaṁ* n'a rien de surprenant; la substitution de *obhāseti* pour *pabhāseti* et du soleil pour la lune n'appelle aucune observation.

4 arahadha nikhamadha yujatha budhaśaśane[a]
dhunatha macuno sena nalagara[b] ba kuñaru o

Theragāthā, v. 256 (cf. v. 1147):

ārabhatha nikkhamatha yuñjatha buddhasāsane
dhunātha maccuno senaṁ naḷāgāraṁ va kuñjaro

Divya Avad., p. 68 (et p. 138):

ārabhadhvaṁ niṣkramata yujyadhvaṁ buddhaśāsane
dhunīta mṛtyunaḥ sainyaṁ naḍāgāram iva kuñjaraḥ

Cf. Burnouf, *Lotus*, p. 529-530.

a. L'orthographe incorrecte *śaśana* se reproduit invariablement dans notre manuscrit. — *b*. Les deuxième et troisième caractères de *nalagara* sont indistincts. Les passages parallèles permettent seuls de restituer le mot, et les traces du caractère que je rétablis comme = *la* me paraissent peu favorables à une lecture *ḍa* qui, en soi, serait également plausible. J'ai déjà tout à l'heure relevé l'orthographe *ba*, pour *va* = *iva*.

5 apramata smatimata suśila bhotu bhichavi[a]

susamahitasagapa sacita anurachadha o

Cf. Dhammap., 327 :

appamādaratā hotha sacittam anurakkhatha

....

a. Le vocatif *bhichave*, B, 53 (cf. en pâli, *bhikkhave*), paraît protéger ici *bhichavi*. Mais, quoique la construction se modifie d'un hémistiche à l'autre, je ne vois pas moyen de faire de ce *bhichavi* autre chose qu'un nominatif; à moins d'admettre une faute de copiste, *bhotu* (scil. *bhontu*) ne se peut interpréter comme une seconde personne : « Que les bhikshus soient appliqués, consciencieux, vertueux. L'esprit bien rassemblé, veillez sur votre pensée. »

6 yo ima sadhamavinau[a] apramatu vihaṣiti[b]
prahai jatisaṅsara[c] dukhusata[d] kariṣa[t]i

Divya Avad., p. 68 :

yo hyasmin dharmavinaye apramattaś cariṣyati
prahāya jātisaṁsāraṁ duḥkhasyāntaṁ kariṣyati.

Ce vers dans le Div. Avad. suit immédiatement notre vers 4.

a. *vinau* = *vina*[*y*]*aṁ* va bien. Mais il semble qu'il y ait, avant *vi*, un trait qui serait le reste d'un autre caractère. Outre que cela donne une syllabe de trop pour le pâda, je n'imagine pas quel il a pu être. *Viharati* est construit avec l'accusatif, probablement d'après l'analogie de *carati*. — *b.* *Vihaṣiti*=*vihariṣyati*, avec syncope de l'*i* et *i* = *ya*, comme dans *prahai* = *prahāya* et souvent. De même *vihaṣ'si*, B, 19. — *c.* Je ne vois pas que le groupe que je lis *ṅsa* puisse être interprété autrement. Il n'est pas malaisé d'y retrouver l'*s*; quant au *ṅ* nous n'en avons, je crois, aucun exemple dans les inscriptions; il n'est donc pas facile de préciser avec certitude l'analyse des éléments constitutifs. La valeur du signe est attestée par plusieurs exemples. — *d.* L'*u* de *khu* est parfaitement net; je n'y puis voir qu'une erreur du scribe expliquée par l'*u* de la syllabe antérieure; c'est bien entendu *dukhas 'a*[*ṁ*]*ta*[*ṁ*].

7 ta yu vadami bhadrañu[a] yavatetha samakata[b]
apramadarata bhodha sadhami supravediti o

Cf. Dhammap., 337:

taṁ vo vadāmi bhaddaṁ vo yāvantettha samāgatā

....

a. Nous avons déjà rencontré *yu* = *vo*, *vaḥ*, et *bhadrañu* est encore = *bhadraṁ yu* = *bhadraṁ vaḥ*. On voit qu'il ne faut pas, dans le texte pâli, lire *vovadāmi* = *vyavavadāmi*, mais séparer en deux mots. Les deux *vaḥ* ne font pas double emploi; *bhaddaṁ* n'est pas un qualificatif de *taṁ* : *bhadraṁ vaḥ* est en quelque sorte le pluriel de *bhadraṁ te*, *bhadante*, et forme une locution indépendante. C'est une autre question, et que je ne prétends pas trancher, s'il convient de lui attribuer toute sa valeur étymologique ou de la considérer comme une manière d'appellatif, et de traduire soit simplement : « Seigneurs ! », soit « le salut sur vous ! » — *b.* De *samakata* rapprocher *adhikachati*, ci-dessus A[1], 2, etc. — *c.* Cf. Dhammap. 78 : *ariyappavedite dhamme*... A *supravedita* on peut comparer plus spécialement une des épithètes constantes du dharma : *svākhyāta*.

8 pramada parivajeti[a] apramadarata sada
bhavetha kuśala dhama yokachemasa prataa[b] o

a. J'ai, à la ligne 3, suggéré déjà que *parivajeti* pourrait être = *parivajetva*. Le *t* et l'*i* sont nets; on ne peut donc chercher ici la seconde personne du pluriel qui s'imposerait à côté de *bhāvetha*. — *b.* Cette expression se retrouve, par exemple, *Suttanip.*, 425 : *yogakkhemassa pattiyā* : « Étrangers à tout relâchement, fidèles à une application constante, pratiquez la vertu pour atteindre au nirvāṇa. »

Voici la transcription de ce qui reste visible des deux fins de vers qui figurent sur le fragment reproduit en haut à gauche de la planche A[2] :

.... loke athatha dhiravenea dicha . [a] o
.... lana sabrayano pratismato [b] o

a. Il ne semble pas, comme on s'y attendrait, que la dernière lettre soit *ti*, qui donnerait *dichati*, et, en supposant exacte la séparation des mots, permettrait de transcrire en sanscrit : . . . *loke 'rthārtham dhīro *vaineyo ditsati.* Mais nous sommes en pleine hypothèse. Le plus sûr est d'attendre que l'on retrouve quelque texte pâli parallèle. — *b.* C'est-à-dire *samprajānaḥ pratismṛtaḥ.* Les deux épithètes sont de même rapprochées, *Suttanip.*, v. 425. Notre dialecte incline particulièrement à affaiblir la ténue qui suit la nasale : nous avons eu *sa(ṅ)gupa = saṅkalpa ;* nous aurons (B, 35) *sija = siñca*, et (C[ro], 16) *anuabisa = anukampi[sya]naḥ*, etc. ; de même *sabrayano ;* cf. C[ro], 43.

A[3]

1 savi saghara anica ti yada prañaya paśati
tada nivinati[a] dukh...

Des deux petits fragments qui suivent, le premier se rattache bien à ce vers ; on y voit les traces de la suite : *eṣo magu vi[śodhia]* ; le second appartenait sûrement à un autre passage, puisque le vers se termine avec *viśodhia.*

Dhammap., 277 :

sabbe saṁkhārā aniccā ti yadā paññāya passati
atha nibbindati dukkhe esa maggo visuddhiyā·

a. C'est une des particularités propres au dialecte de ce manuscrit que le groupe *nd*, dental ou cérébral s'y écrit *n*, c'est-à-dire, s'il faut en croire l'apparence graphique, se change en *nn* : *panita* pour *paṇḍita*, etc. *Nibbindati dukkhe*, comme l'a très bien entendu Childers : « il ne conçoit que du dégoût pour [l'existence qui n'est que] douleur ».

2 savi saghara dukha ti yada prañae gradhati [a]
tada nivinati dukha [b] eṣo magu viśodhia [c] o

Dhammap., 278 :

sabbe saṁkhārā dukkhā ti yadā paññāya passati
atha nibbindati dukkhe esa maggo visuddhiyā

a. Dans *prañae*, *ya* est écrit *e*, comme à plus d'une reprise (par exemple à la l. 9), quoique beaucoup moins fréquemment que *i*. *Gradhati* = *granthati*, suivant l'observation faite tout à l'heure, in A[2] fragm. de la planche principale. J'entends ici le mot au sens de « déduire, raisonner, conclure ». — *b.* Notre manuscrit oppose ici et dans le vers suivant *dukha*, c'est-à-dire *dukhaṁ*, l'accusatif, au locatif du pâli; il en était très vraisemblablement de même au vers précédent. Cependant cette construction est malaisée à expliquer. — *c.* *Viśodhi* pour *viśudhi* n'est pas pour surprendre ici où l'*u* et l'*o* s'emploient constamment l'un pour l'autre. Quant à la finale, il n'est pas impossible que ce soit *e*, au lieu de *a*; ce n'est pas sûr non plus, d'autant moins que le vers suivant porte certainement *viśodhia*.

3 sarvi dhama anatma ti yada paśati cachuma [a]
tada nivinati dukha eṣo mago viśodhia o

Dhammap., 279 :

sabbe dhammā anattā ti yadā paññāya passati
atha nibbindati dukkhe esa maggo visuddhiyā

a. Au-dessus du caractère *chu* apparaissent les traces d'un signe moins distinct. Je ne le puis expliquer que comme un *kh*, quelque lecteur ayant éprouvé le besoin de marquer que, pour *chu*, on pourrait aussi écrire *khu;* en effet le groupe *kṣ* se transforme également ici en *ch* et en *kh*. Et la conjecture est d'autant plus plausible que, justement au vers suivant, le mot est écrit *cakhuma*. Si elle se vérifie, elle aurait ce côté intéressant que ce *kh* surajouté, par conséquent postérieur à l'exécution primitive du manuscrit, affecte une forme plus archaïque que celle qui y figure d'ordinaire.

4 magana aṭhagio śeṭho sacana cauri[a] pada
viraku śeṭho dhamana pranabhutana cakhuma o

Dhammap., 273 :

maggānaṭṭhaṅgiko seṭṭho saccānaṁ caturo padā
virāgo seṭṭho dhammānaṁ dipadānañ ca cakkhumā

a. *Catvāri, cattāri* est, dans les dialectes bouddhiques, volontiers employé pour le masculin. Je ne crois pas que notre *cauri* soit le reflet direct de *catvāri*, mais plutôt de *caturo;* le changement de l'*o* en *i* peut à la rigueur être mécanique; j'ai peine à imaginer cependant que l'analogie de l'emploi de *cattāri* n'ait pas flotté dans l'esprit de ceux qui employaient *caturi* et favorisé cette orthographe, comme le souvenir d'un māgadhisme *bhicchave* a pu de même aider à l'orthographe *bhichave, bhichavi* (cf. A[2], 5). Pour ce qui est de la chute du *t*, voir à la l. 10, *phaṣai* à côté de *bhaṣati*, etc.

5 .... ga 3o

6 utiṭha[a] na pramajea dhamu sucarita cari
dhamacari suhu śeati[b] asmi loki parasa yi[c] o

Dhammap., 168 :

uttiṭṭhe nappamajjeya dhammaṁ sucaritaṁ care
dhammacārī sukhaṁ seti asmiṁ loke paramhi ca

a. L'omission de l'*e* final, *utiṭha* pour *utiṭhe*, ne peut guère être imputable qu'à une négligence du scribe, non à une particularité dialectale. — *b.* Les traces de l'*u* final de *suhu* ne sont pas absolument distinctes; c'est peut-être *suha* qu'a voulu écrire le copiste. *Śeati* paraît reposer, non sur la forme habituelle, *śeti*, mais sur la forme *śayati*, *aya* étant écrit *e.* — *c.* Ce dernier pâda se retrouvera de même, C^{ro}, 29, avec le génitif *parasa*, pour le locatif *parasmin.* De même *namaruvasa*, B, 30, *sagaraaḍasa*, C^{ro}, 3. Une erreur simplement graphique (*parasa* pour *parasi* = *parasmi*) n'est guère probable, côte à côte avec *asmi loki.* Il est plus naturel d'admettre une perversion, une confusion dans l'emploi des cas, dont la suite (dès la l. 9) ramènera plusieurs exemples et dont la langue du Mahâvastu nous offre tant de témoignages. Nous trouvons ici pour *ca* toute une gamme de modifications graphiques : *ja*, C^{ro}, 17 al.; *ji*, B, 35 al.; *ya*, A^4, 4 svv. al.; *yi*, ici et ailleurs; *i*, C^{ro}, 37; *i* pour *ya* s'explique bien, et l'on comprend à la rigueur l'écriture *yi* équivalant à *ya;* mais dans *ji*, pour *ja*, il est difficile de ne pas admettre une action anormale de l'analogie de *i-yi*.

7 uṭhanena apramadena sañamena damena ca
divu[a] karoti medhavi ya jara nabhimardati[b] o

Dhammap., 25 :

uṭṭhānenappamādena saññamena damena ca
dīpaṁ kayirātha medhāvī yaṁ ogho nābhikīrati

a. L'affaiblissement du *p* médial et même initial, en *v*, est ici des plus fréquents. — *b.* La comparaison que cette variante du dernier pâda substitue à celle de la récension pâlie est en elle-même certainement moins satisfaisante : l'âge est pour une île un facteur de destruction moins menaçant que le flot qui la ronge. C'est au point que je me demande s'il ne faut pas entendre *jharā*, et si, d'après l'analogie de *jharī* donné dans le sens de fleuve (PWB s. v.), le mot ne pourrait pas être pris, non dans l'acception précise de « cascade », mais dans une acception générique voisine de celle de *ogha*. Cf. l'inscription kharoṣṭhī où Bühler a cru pouvoir lire *jharanī* et l'interpréter au sens de « puits ». Quoi qu'il en soit, la substitution du verbe *abhimardati* s'inspire probablement du désir d'éliminer l'incorrection métrique de *abhikīrati*.

8 uṭhanamato smatimato suyikamasa[a] niśamacarino
sañatasa hi[b] dhamajivino apramatasa yaśidha vaḍha-
[ti o

Dhammap., 24 :

uṭṭhānavato satimato sucikammassa nisammakārino
saññatassa ca dhammajīvino appamattassa yaso bhivaḍ-
[ḍhati

a. *Suyi°* = *śuci°* comme dans *suyigan(dh)a*, C[ro], 3, sans parler d'autres cas analogues. — b. Cheville pour cheville, *hi* vaut à peu près le *ca* du texte pâli.

9 uṭhane alasa anuṭhahatu[a] yoi bali alasieuvito[b]
saṅsanasagapamano smatima[c] prañai maga alasu na
[vinati o

Dhammap., 280 :

uṭṭhānakālamhi anuṭṭhahāno yuvā balī alasiyā upeto
saṁsannasaṁkappamano kusīto paññāya maggaṁ alaso na
[vindati

a. Le manuscrit porte clairement *uṭhane* qui ne permettrait pas d'autre division des mots. Il est certain que nous sommes en présence d'une confusion commise par le scribe, et que la lecture originale était *uṭhanaalasa*, c'est-à-dire *uṭhanakalasmi*. Comp. la note *c* de la l. 6 où j'ai cité *sagaraudasa* = *saṁkārakūṭe*. Je ne vois pas que l'on puisse lire autrement que *anuṭhahatu*; il faut avouer pourtant que le *ṭh* a une forme un peu insolite, et qui, si le contexte le permettait, se pourrait lire : *ṭhe*. — *b*. *Yoi* = *yo ayaṁ*. Cette lecture est assurément préférable à *yuvā* du pâli — peu importe la jeunesse, puisque la force morale et non l'activité physique est seule en cause, — qui doit reposer sur une confusion des rédacteurs. Il s'en cache, je crois, une autre dans *ālasiyā* ou *ālasiyaṁ* (cf. les notes de Fausböll) qui ni l'un ni l'autre ne se construisent bien avec *upeta*. Dans un dialecte où l'orthographe — et peut-être la prononciation — *e* se pouvait substituer à *ya*, comme c'est le cas dans la langue de notre manuscrit, le composé *alasieupeta* = *ālasiyaupeta* sauvait le mètre; les rédacteurs pâlis ont cherché à le restituer par un expédient arbitraire. — *c*. *Smatima* ne peut s'expliquer que comme = *asmatima*, l'*a* privatif étant tombé après l'*o* final qui précède. C'est, si je ne me trompe, le seul exemple de ce sandhi que présentent nos fragments.

10 na tavata dhamadharo yavata baho[a] bhaṣati
yo tu apa bi ṣutvana[b] dhamu kaena phaṣai[c] o
11 sa ho[d] dhamadharo bhoti yo dhamu na pramajati o

Dhammap., 259 :

na tāvatā dhammadharo yāvatā bahu bhāsati
yo ca appaṁ pi sutvāna dhammaṁ kāyena passati
sa ve dhammadharo hoti yo dhammaṁ nappamajjati

a. *O* pour *u* est particulièrement ordinaire ici après *h*, cf., par exemple, *bahojano*, C^{ro}, 30; C^{ro}, 12, etc. Mais nous en avons déjà relevé des cas pareils après d'autres consonnes.

— *b.* *Bi* = *(a)pi* se retrouve ailleurs, comme C^{ro}, 9. L'orthographe *ṣ* pour *śr* est ici de beaucoup la plus commune. — *c.* 𐨥 est ici la forme normale du *ph.* La lecture *phaṣai* est certaine. Reste à l'interpréter. Le pâli porte *passati*, c'est-à-dire *paśyati.* De même que B, 25, *ṣ* est = *ś* dans *phuṣamu*, de spṛś, *ṣ* pourrait ici s'interpréter pareillement, et comme je relève dans le vers du manuscrit de Saint-Pétersbourg qui correspond à Dhammap., 398, *phalia* (par 𐨥) = *paligha*, on pourrait à la rigueur ramener notre *phuṣai* à *paśyati.* Mais il faudrait, dans le même mot, et immédiatement à côté de son orthographe exacte, admettre une double anomalie. Je préfère de beaucoup prendre que *ph* est pour *bh* et *phaṣai* = *bhāṣati.* J'ai cherché moi-même (cf. A^2, 1) à écarter toute une série d'exemples apparents de cette transformation. Ce n'est pas une raison pour qu'il ne s'en produise pas des cas sporadiques, d'autant que le durcissement de la sonore en ténue est plus fréquent dans notre texte. La ressemblance même qui est manifeste ici entre les caractères *bh* et *ph* pourrait avoir favorisé une méprise accidentelle. Avec *bhāṣati* le sens est excellent : « Il ne suffit pas de faire de beaux discours, il faut parler par les actes (de *kāyena*, rapprocher la classification du kāya-, vāk- et manaḥkarma) », ou, si l'on veut, « prêcher d'exemple ». Tout au plus peut-on douter si *bhaṣai* est = *bhāsati*, comme *abhai* = *ābhāti*, B, 7, ou = *bhāṣaye*, *bhāṣayet.* Il est de toute façon curieux de penser qu'une pareille substitution du *ph* au *bh* dans la version qui a servi de base à la rédaction pâlie, a bien pu être la cause de la confusion qui a introduit *passati* dans le texte, et, tout naturellement, égaré par la suite les interprètes. — *d.* *Ho* = *kho*, *khalu*, comme C^{ro}, 6.

12 apramadu amatapada pramadu mucuno pada
apramata na miyati ye pramata yadha mutu[a]

Dhammap., 21 :

appamādo amatapadaṁ pamādo maccuno padaṁ
appamattā na mīyanti ye pamattā yathā matā

a. A la rigueur le singulier *mutu, mṛtaḥ*, se peut comprendre : « ceux qui vivent dans le relâchement sont comme un homme mort » ; mais il est bien probable que notre scribe a commis un lapsus et que le texte original lisait *muta* : « ils sont comme morts », c'est-à-dire assurés de mourir, de ne pas échapper à la transmigration.

13 eta viśeṣadha[a] ñatva apramadasa panito[b]
apramadi pramodia ariana goyari rato o

Dhammap., 22 :

etaṁ visesato ñatvā appamādamhi paṇḍitā
appamāde pamodanti ariyānaṁ gocare ratā

a. Je prends *viśeṣadha* comme formé par le suffixe *dhā* qui peut très bien, dans ce cas, suppléer le suffixe *taḥ* du pâli. — *b. Apramadasa* pour le locatif, comme tout à l'heure. J'avais d'abord lu *paniti* = *paṇḍito*; mais je ne pense pas que nous soyons ici forcés d'admettre cette sorte de mâgadhisme. Le trait vocalique n'est pas prolongé en hauteur, et, s'il dépasse la barre transversale du 𐨣, ce n'est, je pense, qu'une simplification cursive qui en réunit, en forme de boucle, le sommet au crochet de gauche de la consonne. Il est certain en tout cas que la phrase est ici construite au singulier et non au pluriel comme dans le pâli.

14 pramada anuyujati bala drumedhino[a] jana
apramada tu medhavi dhana śethi[b] va rachati o

Dhammap., 26 :

pamādam anuyujanti bālā dummedhino janā
appamādaṁ ca medhāvī dhanaṁ seṭṭhaṁ va rakkhati

a. Drumedhi, comme nous avons eu déjà *drugha*. La suite ramènera d'autres exemples analogues. — *b.* La lecture *śeṭhi* me paraît décidément supérieure au *seṭṭhaṁ* pâli qui ne donne ici qu'une épithète incolore et vague. *Śeṭhi* est le nominatif de *śreṣṭhin*, et le demi-vers doit se traduire : «Mais le sage s'attache à l'application comme un banquier à son argent.» Bien que le trait vocalique ne descende pas au-dessous de la barre transversale inférieure du 𐨛, plusieurs exemples prouvent que c'est *i* et non *e* qu'il faut lire. Je me contente de renvoyer à *diṭhi*, A^4, 2. C'est, aussi bien, la leçon *śeṭhi* ou *śreṣṭhī* qu'avait sous les yeux dans son texte le traducteur tibétain de l'Udānavarga, comme le montre la version de M. Rockhill (*Udānavarga*, IV, 18) : «the wise man must be careful, as is the head of a caravan watching his treasures».

15 apramatu pramateṣu suteṣu bahojagaru
avalaśa[a] va bhadraśu hitva yati sumedhasu

Dhammap., 29 :

appamatto pamattesu suttesu bahujāgaro
abalassaṁ va sīghasso hitvā yāti sumedhaso

a. C'est, si je ne me trompe, le seul exemple dans nos fragments de la substitution de *v* à *b*. Il est vrai que dans les vv. A^4, 4 et suiv., nous retrouvons *b* complètement supprimé entre deux voyelles : *supraudhu*, etc. De même le groupe *śv*, réduit ici à *ś*, est dans plusieurs cas conservé sous la forme *śp* : *viśpa*, B, 26; *viśpaśa*, B, 25.

16 pramada apramadena yada nudati panitu
prañaprasada aruyu[a] aśoka śoino jana
pravataṭho va bhumaṭha dhiru bala avechiti

Dhammap., 28 :

pamādaṁ appamādena yadā nudati paṇḍito

paññāpāsādam āruyha asoko sokinim̐ pajam̐
pabbataṭṭho va bhummaṭṭhe dhīro bāle avekkhati

a. L'*y* est tantôt plus carré, tantôt plus angulaire par le haut; matériellement, il serait parfaitement loisible de lire *aruśu;* mais il est permis aussi de lire *aruyu,* et c'est la seule transcription qui me paraisse donner une forme intelligible. Il nous faut, en effet, un équivalent de *āruhya.* *Yu* = *hya* demeure singulier. Je dois dire que c'est surtout l'*u* qui m'étonne. Pour ce qui est de la consonne, plusieurs faits accusent ici entre l'*h* et le *j,* qui s'écrit volontiers *y* (cf. tout à l'heure *sabrayana,* etc.), une particulière affinité; B, 34, nous trouvons *daj(h)amana* pour *dahyamāna,* et dans les fragments de Saint-Pétersbourg, je relève *y(i)samano* = *hiṁsamānaḥ* et *parvahita* = *pravrajita.* On peut aussi rapprocher les cas, comme *ṣehu* C^ro^, 8, *ṣeho* C^ro^, 9, etc. (*śreyaḥ*) où *y* est représenté par *h.* Quant à la vocalisation en *u,* si je ne puis l'expliquer, je suis au moins en état d'en citer un autre exemple tout à fait semblable : *abhivayu* = *abhibhūya,* B, 30, 31. Dans l'un et l'autre cas, la voyelle de la syllabe précédente est *u.* Il semble donc que ce soit ce voisinage qui, par une sorte d'effet d'harmonie vocalique, ait coloré notre *a.* — *b.* Faut-il expliquer par une action analogue le premier *i* d'*avechiti* pour *avechati,* ou bien croire à un simple lapsus du copiste influencé par l'*i* de la syllabe suivante?

17 apra .... tu
apramada praśajhati[a] pramadu garahitu sada

Dhammap., 30 :

appamādena maghavā devānam̐ seṭṭhatam̐ gato
appamādam̐ pasam̐santi pamādo garahito sadā

a. Le *j* est surmonté d'un trait horizontal qui, comme je l'ai dit plus haut, paraît marquer l'aspiration; nous avons donc *śajhati* = *śaṁsati;* et il n'y a aucun doute sur la lecture; car nous retrouvons exactement de même *praśaj(h)ati*, B, 21.

A[4]

1 .juo namo[a] so magu abhaya namu sa diśa
radho akuyano[b] namu dhamatrakchi sahato[c] o

Saṁy. Nik., I, V, § 6, v. 2 :

ujuko nāma so maggo abhayā nāma sā disā
ratho akujano nāma dhammacakkehi saṁyuto

a. Ce vers se relie étroitement aux deux suivants et complète avec eux une sorte d'allégorie fondée sur l'image qui assimile l'enseignement bouddhique à un « véhicule », *yāna.* Il faut restituer : *uju(k)o.* La lecture de la voyelle dans la syllabe *mo* de *namo* n'est pas complètement certaine; elle est d'autant plus probable que, aux pâdas suivants, nous avons sûrement *namu.* Nous rencontrerons beaucoup d'autres cas où un *m* labialise en *u* la voyelle suivante. — *b.* Notre *akuyano* confirme la lecture *akujano* adoptée pour le pâli par l'éditeur, M. Feer. L'explication m'en paraît être *a-kujana,* « où il n'y a pas de méchant ». — *c. Saṁhata* est aussi bon que le *saṁyutta* du pâli. Le mot précédent est peut-être plus douteux. La leçon du pâli continue heureusement la comparaison qui sert de thème à ces vers, en parlant des « roues de la Loi ». Mais ici notre lecture ne peut être que *dhamatrakchi* ou *dhamadrakchi.* La seconde forme ne donne rien d'intelligible; la première se peut au contraire interpréter : *dharmatarkaiḥ,* c'est-à-dire « les raisonnements, les pensées de la Loi ». Justement le *Suttanip.,* 1101 parle de l'*aññāvimokhaṁ,* qui est *dhammatakkaparejavaṁ;* les dhammatarkas sont ainsi représentés de même comme imprimant une impulsion rapide au progrès religieux. Nous allons avoir au vers suivant l'expression *samedịthipurejava* qui fait, d'autre part, pendant à celle du Suttanipāta, et les deux premiers termes s'éclairent l'un l'autre : *samyagdṛṣṭi* marque «des idées vraies, justes»; *dharmatarka*, d'une façon analogue, «des raisonnements, des idées conformes à la religion», conséquemment justes et vraies. Il me paraît du reste probable que la leçon *tarka* est antérieure à la leçon *cakra*, qui, étant plus ingénieuse et plus piquante, n'eût plus, une fois établie, été dépossédée. Je traduis donc : «La route est la voie droite, le pays, la région de la félicité, le char, le rendez-vous des gens de bien, solidement établi sur la vérité.»

2 hiri tasa avaramu[a] smati sa parivarana[b]
dhamahu[c] saradhi bromi samedịthipurejavu[d] o

Saṁy. Nik., I, V, § 6, v. 3 :

hirī tassa apālambo satyassa parivāraṇaṁ
dhammāhaṁ sārathiṁ brūmi sammādiṭṭhipurejavaṁ

a. Pour ce vers et en particulier pour le sens de *apālamba*, cf. Morris, *Journ. Pâli T. Soc.*, 1886, p. 128. La forme *avarama*, est, je crois, le seul exemple qui se rencontre dans nos fragments de la substitution de *r* à *l*; quant à *m* = *mb*, on peut comparer *udamareṣu* = *udumbareṣu*, B, 40. — *b. Smati sa* = *smati asa*. Il me paraît que *parivāraṇa* doit désigner plutôt une partie du char que, comme le voulait M. Morris, l'escorte qui l'accompagne; c'est peut-être le toit qui le couvre et le protège. — *c.* Quoique le 𐨱 paraisse coupé par le trait transversal de l'*i*, comme il semble bien porter au pied le signe *u*, je doute que ce trait, en tout cas plus court, moins accusé que d'ordinaire, doive entrer en ligne de compte, et j'estime que c'est *dhamahu* qu'il faut lire, c'est-à-dire *dhamaṁ ahaṁ*, comme en pâli. — *d. Samyak* est, ici, toujours écrit *same* = *samya*. Sur l'expression, cf. la note du vers précédent. Ce vers se traduit : «La modestie est son sabot; la conscience, le toit qui la protège; et j'appelle la Loi, le cocher qui pousse et accélère la vérité ».

3 yasa etadiśa yana gehi parvaitasa va[a]
sa vi etina yanena nivanaseva satie o

Saṁy. Nik., I, V, § 6, v. 4 :

yassa etādisaṁ yānaṁ itthiyā purisassa vā
sa ve etena yānena nibbānasseva santike

a. Il faudrait, pour que la construction fût correcte, *gehino*. Je n'oserais affirmer que le scribe n'ait pas entendu écrire *gihi*, car la barre dépasse légèrement par le bas la boucle du φ. Ce détail a d'autant moins d'importance que, comme on le voit aussitôt par *vi* = *vai*, *ve* et par *etina*, la confusion entre *i* et *e* est ici complète. L'interversion *parva*° pour *pravra*° n'est pas isolée; j'ai noté plusieurs fois *parvahita* dans les fragments de Saint-Pétersbourg, où l'on voit en outre le *j* remplacé par un *h* qui n'a peut-être d'autre rôle que de masquer l'hiatus, à la façon de l'*y* de l'orthographe ardhamāgadhī. Je traduis : « Celui qui possède un pareil char, celui-là, laïque ou moine, sur ce char va au nirvāṇa. »

4 supraudhu praujati[a] imi[b] gotamaṣavaka
yeṣa diva ya rati ca nica budhakata smati o

Dhammap., 296 :

suppabuddhaṁ pabujjhanti sadā gotamasāvakā
yesaṁ divā ca ratto ca niccaṁ buddhagatā sati

a. Je ne vois ici aucune trace du trait supérieur destiné à marquer l'aspiration que présentent dans ce mot les vers suivants. J'ai déjà signalé précédemment cette chute complète du *b* entre deux voyelles. — *b.* La leçon *imi* de notre manuscrit est évidemment très supérieure au *sadā* de la version pâlie. « Ces disciples du Buddha s'éveillent vraiment à l'intelligence qui. . . . . » Il s'agit d'une exhortation, non d'un éloge banal de tous les disciples du Buddha indistinctement.

5 supraudhu praujhati imi gotamaṣavaka
yeṣa diva ya rati ca nica dhamakata smati o

Dhammap., 297 :

suppabuddhaṁ pabujjhanti sadā gotamasāvakā
yesaṁ divā ca ratto ca niccaṁ dhammagatā sati

6 [s]upraudhu praujhati imi gotamaṣavaka
yeṣa diva ya rati ca nica saghakata[a] smati o

Dhammap., 298 :

suppabuddhaṁ pabujjhanti sadā gotamasāvakā
yesaṁ divā ca ratto ca niccaṁ saṅghagatā sati

a. La forme 𐨓 ne marque pas le *gh* (aspiré). En effet, le trait supérieur qui surmonte le caractère est destiné à marquer l'aspiration. C'est donc que la lettre même ne l'exprimait pas. Cf. plus bas B, 3.

7 [sup]raudhu praujhati imi gotamaṣavaka
yeṣa diva ya rati ca nica kayakata smati o

Dhammap., 299 :

suppabuddhaṁ pabujjhanti sadā gotamasāvakā
yesaṁ divā ca ratto ca niccaṁ kāyagatā sati

8 supraudhu praujhati imi gotamaṣavaka
yeṣa diva ya rati ca ahiṅsai rato mano o

Dhammap., 300 :

suppabuddhaṁ pabujjhanti sadā gotamasāvakā
yesaṁ divā ca ratto ca ahiṁsāya rato mano

9. supraudhu p[r]aujati[a] imi gotamaṣavaka
yeṣa diva ya rati ca bhamanai[b] rato mano o

Dhammap., 301 :

suppabuddhaṁ pabujjhanti sadā gotamasāvakā
yesaṁ divā ca ratto ca bhāvanāya rato mano

a. Je ne vois pas de trace du trait supérieur; il n'est cependant pas sûr qu'il n'ait point existé, l'encre étant en ce passage un peu effacée. — *b.* Nous rencontrerons d'autres exemples du changement de *v* en *m*, comme *nama* = *nāvaṁ*, B, 35.

Fragments de A.

J'en ai en tout recueilli vingt-sept, la plupart très petits. Je n'essaye de transcrire que ceux qui ont conservé au moins quelques caractères complets.

I. Ce sont quatre commencements de ligne.

[d]ur.(?)ga. e ....
vario[a] va thale chi ....
anuvaṭhitacitasa[b] ....
anuvaṣutacita ....

Dhammap., 37 :

dūraṅgamaṁ ekacaraṁ ....

Ibid., 34 :

vārijo va thale khitto ....

Ibid., 38 :

anavaṭṭhitacittassa ....

Ibid., 39 :

anavassutacittassa ....

a. *Vario* pour *varijo*, comme j'ai cité plus haut *parvaita* pour *parvajita*. — *b.* L'*u* de *anu* est parfaitement certain, tant dans ce mot que dans *anuvaṣuta* du vers suivant. Cependant il n'a de place ni dans l'un ni dans l'autre mot; c'est *anavasthita* et *anavasruta* que le sens exige et que porte la version pâlie. Le scribe a peut-être été entraîné à cette faute par la pensée de *anuvaṭhita* = *anupasthita* qui lui flottait dans l'esprit.

II.

.... unapanucirah ....

III. Une fin de vers, écrite sur la face la plus foncée de la feuille (cf. p. 197).

.... ma(?)tvadadatasava ?ya o

La transcription de presque toutes les lettres est pour moi très douteuse.

IV. Le caractère *no* marque la fin d'un pâda.

.... uhaṣino yokama . e ....

Les deux fragments qui suivent se rapportent à la feuille B où il en sera question aux v. 42-45. Ils se trouvaient, quand je développai le manuscrit, mêlés au cahier A. Rien ne peut mieux montrer le désordre dans lequel ces fragments sont parvenus entre mes mains.

V. Cf. B, 42 et suiv.

.... ??? so bhikhu jahati o ....

.... mahoho sa bhikhu jahati ....

.... s. bhikhu jahiti o ....

VI.

..................................vikaya so bhikhu jahati o..................
..................................ṣaitha s. . .kh ....

VII. Un commencement de ligne.

samadhimu.i ....

VIII.

....la cita druracha drunivarana[a]
u ....

Dhammap., 33 :

............................capalaṁ cittaṁ durakkhaṁ dunnivārayaṁ
ujuṁ...

a. Cette lecture est certaine, et du reste *durnivāraṇa* me semble pour le moins aussi bon que *dunnivāraya*.

IX. Fin de vers.

....ṣu gachati o

B

Le haut de cette feuille se raccorde exactement à la fin d'une des feuilles du manuscrit qui ont pris le chemin de Saint-Pétersbourg; en sorte que nos seize premières lignes y trouvent leur complément, au moins partiel. Je n'ai pas cru excéder la réserve que m'imposait la courtoisie même avec laquelle mon savant confrère et ami M. d'Oldenburg mettait ses documents à ma disposition, en ajoutant la copie des morceaux de vers qui se rejoignent à nos propres fragments; les uns et les autres forment un tout inséparable. J'ai pris soin d'enfermer entre crochets les emprunts faits ainsi au fragment de Saint-Pétersbourg.

1 yo cutiu veti satvana ?vati ca[a] — [śana[b]
budhu atimaśarira tam aho bromi bramana[c] o]

Dhammap., 419 :

cutiṁ yo vedi sattānaṁ upapattiṁ ca sabbaso
asattaṁ sugataṁ buddhaṁ, tam ahaṁ brūmi brāhmaṇaṁ

a. Il n'est pas possible de distinguer *a priori* le *t* du *d* dans notre manuscrit. On pourrait aussi bien lire *vedi*. Cependant le présent me paraît ici beaucoup plus probable que le passé, et je serais plus disposé à admettre que la leçon du Dhammap. vient de quelque confusion ancienne, reposant peut-être justement sur la similitude de ces deux caractères. De la lettre que j'ai remplacée par un point d'interrogation, il ne reste que le bas de la haste. Elle ne porte pas de crochet significatif qui permette d'y reconnaître l'*u* qu'il faudrait pour représenter *uvavati*, l'*upapatti* du pâli. Je crois en tous cas que le dernier caractère, et quoique le trait vocalique soit un peu écourté, porte bien la notation de l'*i*. — *b*. M. d'Oldenburg transcrit le commencement de son fragment [*sa*]*rvaśana*. Sur le fac-similé, il ne reste rien que la fin, dont la lecture *śana* est assurément possible, mais non pas certaine, d'autant moins que l'on voit mal comment cette forme *sarvaśana* se rapporterait à la forme *sarvaśaḥ*, *sarvaśo* que le pâli nous autorise à attendre. D'autre part, avec cette lecture, il manque une syllabe pour le mètre, et à coup sûr le fac-similé permet de penser qu'il est tombé un petit morceau de la feuille entre la fin de notre fragment et le commencement de celui-ci. La lecture exacte de cette fin de pâda reste donc forcément douteuse jusqu'à nouvel ordre. — *c*. *Atimaśarira* = *antimaśarīraṁ*. Cf. Dhammap., 400.

2 akrodhu anuvayasa vipramutu p . n . .[a]
[budhu vatamala dhira[b] tam aho bromi bramana o]

a. Anuvayasa = *anupāyāsaṁ*. Les derniers caractères sont coupés par moitié; mais les traces s'en accommodent bien d'une restitution *punabhava* = *punarbhavāt*. — *b.* De ce pâda on peut rapprocher Dhammap., v. 261 : *sa ve vantamalo dhīro thero ti* (*thaviro ti*) *pavaccati*. Je traduis : « L'homme sans colère, sans découragement, délivré de toute future renaissance (= *antimaśarīraṁ* du vers précédent), sage, sans tache, ferme, c'est cet homme que j'appelle [véritablement] un brâhmane. »

3 yo tu puñe ca pave ca[a] uhu ṣaga uvacai[b]
[aṣaga viraya budhu tam ahu bromi bramana o]

Dhammap., 412 :

yo dha puññañ ca pāpañ ca ubho saṅgaṁ upaccagā
asokaṁ virajaṁ suddhaṁ tam ahaṁ brūmi brāhmaṇaṁ

a. Je me contente de signaler en passant les mâgadhismes *puñe* et *pave*, scil. *pāpe*, pour *puññaṁ* et *pāpaṁ*. — *b.* Je prie que l'on remarque le caractère *hu*, *uhu* = *uho*, *ubhau*, (*h* = *bh*, comme souvent; cf. *ohaseti*, etc.); l'interprétation n'en peut être contestée. Elle est décisive pour la transcription de *ahu* = *aho*, *ahaṁ*, qui revient si souvent dans les fragments de Saint-Pétersbourg. *Ṣaga*, aussi bien ici qu'au pâda suivant, présente une double singularité : *ṣ* pour *s* et la forme du *g*, 𐨒. On pourrait être tenté d'interpréter cette forme comme = 𐨓, le *gh* aspiré; mais, outre que l'aspirée ne serait pas justifiée ici, nous avons rencontré tout à l'heure (A[4], 6, note) un exemple d'une variante équivalente de la lettre, surmontée d'un trait qui exprime l'aspiration. Il est donc beaucoup plus naturel d'expliquer cette base du caractère comme une trace accidentelle d'une habitude graphique qui est très généralisée dans certains alphabets numismatiques. Relativement à *uvacai* = *upaccagā*, je renvoie à A[1], 4.

4 jai parakata[a] budhu jitavi akatagati[b]
[pruju devamanuśana[c] tam ahu bromi bramana ○]

a. Le *j* initial n'a pas la marque supérieure de l'aspiration; c'est cependant *jhai* = *dhyāyin* qu'il faut entendre, et *parakata* = *parākrānta*. — *b.* *Akatagati*, c'est-à-dire *agatāgati*, « qui n'est pas engagé dans les quatre agatis », sur lesquelles cf. Childers. On remarquera la fioriture, sans signification spéciale, par laquelle le scribe a terminé la haste du 𐨗 et qu'il a reproduite dans le dernier pâda au bas du trait vocalique du *mi*. — *c.* La lecture *pru* semble certaine. Je ne puis, pour ma part, rendre compte de l'*r*, et jusqu'à ce qu'un autre interprète ait trouvé mieux, je propose de comprendre *puju devamanuśana* = *pūjyaṁ d. vamanuṣyaiḥ*. L'expression *devamanuṣyapūjita* est, avec ses divers équivalents, courante dans la phraséologie bouddhique. On le verra par la suite, la transformation de *manuṣya* en *manuśa* est constante dans notre manuscrit. Je traduis : « L'homme qui s'applique à la méditation, héroïque, sage, vainqueur [des passions], qui ne s'engage pas dans les sentiers du mal, qui est digne du respect des dieux et des hommes, c'est celui-là que j'appelle [véritablement] un brâhmane. »

5 jai[a] parakata budhu kitakica anasavu
[budhu daśabaluvetu[b] tam ahu bromi bramana ○]

Dhammap., 386 :

jhāyiṁ virajaṁ āsīnaṁ kitakiccaṁ anāsavaṁ
uttamatthaṁ anuppattaṁ tam ahaṁ brūmi brāhmaṇaṁ

a. Cette fois encore le 𐨗 est bien = *j*, sans signe d'aspiration. — *b.* Ce pâda paraît ici assez dépaysé, inférieur certainement à sa contre-partie pâlie : *budhu* fait double emploi, figurant déjà dans le premier pâda; et *daśabalopeta* est une épithète qui ne convient qu'au « Buddha », au sens technique, lequel ne peut être visé ici. « L'homme qui s'applique à la méditation, héroïque, sage, fidèle au devoir, exempt de passions, le Buddha doué des dix forces, c'est celui-là que j'appelle [véritablement] un brâhmane. »

6 gamirapraña medhavi marga[ma]rgasa koi?[a]
[utamu pravara vira tam ahu bromi bramana]

Dhammap., 403 :

gambhīrapaññaṁ medhāviṁ maggāmaggassa kovidaṁ
uttamatthaṁ anuppattaṁ tam ahaṁ brūmi brāhmaṇaṁ

a. J'ai déjà signalé des orthographes comme *gamira* = *gambhīra*. La fin de ce pâda fait quelque difficulté. Il est malaisé de croire que notre texte ne corresponde pas à celui du pâli. Dans la syllabe que je transcris *i*, nous pouvons, il est vrai, admettre la chute du *v*, comme nous avons constaté celle du *b* dans *supraudhu* et *praujhati*, A^4, 4, 9. Il ne me semble même pas certain, quoique peu probable, qu'on ne puisse lire *bi*, avec le changement fréquent de *v* en *b*. Reste en tous cas le dernier caractère; bien qu'il soit à moitié pris dans la cassure, ce qui en demeure apparent semble exclure la lettre *da*, et je ne vois cependant aucune autre lecture à suggérer qui soit à la fois plausible pour le sens et conciliable avec le tracé du manuscrit.

7 diva tavati adicu rati abhai[a] cadrimu
sanadhu [chatrio tavati jhai tavati bramano
adha sarva ahoratra budhu tavati teyasa 50[b]]

Dhammap., 387 :

divā tapati ādicco rattiṁ ābhāti candimā
sannaddho khattiyo tapati jhāyī tapati brāhmaṇo
atha sabbam ahorattiṁ buddho tapati tejasā

a. *Abhai* est écrit par . Cf. ci-dessus A^2, 1, note. Pour la chute du *t* entre les deux voyelles, je renvoie à *phaṣai*, A^3,

10, note c. — b. Le chiffre est ici ajouté en marge, à la fin de la ligne, et sans l'addition de *ga[tha]*. La fioriture qui marque la fin des chapitres est rejetée à la ligne suivante, comme on le peut voir par notre fac-similé.

8 kaena savruto bhikhu atha vayai[a] s.v.to
[manena savruto bhikhu sarva drugatio jahi o]

a. *Savruto* = *saṁvṛtaḥ*. Pour le changement de *ṛ* en *ru* on peut comparer à la ligne 25 : *apru[tha]jana*. Je restitue *vayai* = *vācāya* (bien que la ligne transversale de l'*i* ait disparu dans la cassure) à cause de la lecture certaine au vers suivant; *i* = *ya*. Cf. *vayaya* à la l. 10. « Le moine qui est maître de lui dans ses actions et dans ses paroles, le moine qui est maître de lui dans ses pensées ne saurait retomber dans aucune des mauvaises voies. »

9 kaena sañamu sadhu sadhu va[yai[a] sañamu
manena sañamu sadhu] [sadhu savatra sañamu
sarvatra sañato bhikhu savadugatio jahi]

Dhammap., 361 :

kāyena saṁvaro sādhu sādhu vācāya saṁvaro
manasā saṁvaro sādhu sādhu sabbattha saṁvaro
sabbattha saṁvuto bhikkhu sabbadukkhā pamuccati

a. Ce qui, dans ce vers et dans les suivants, est enfermé entre les premiers crochets appartient au fragment détaché sur la gauche de la planche B et qui aurait dû être rapproché ici du fragment principal. « Il est bon d'être maître de soi dans ses actions, bon d'être maître de soi dans ses paroles, bon d'être maître de soi dans ses pensées; il est bon d'être maître de soi en toute circonstance; le moine qui est en toute circonstance maître de lui ne saurait retomber dans aucune des mauvaises voies. »

10 hathasañatu padasañatu [vayasañatu savutidrio
ajhatma][rato samahito eko satuṣito tam ahu bhikhu o]

Dhammap., 362 :

hatthasaññato pādasaññato vācāya saññato saññatuttamo
ajjhattarato samāhito eko santusito tam āhu bhikkhuṁ

11 yo muhena sañato bhikhu mana[bhani[a] anudhato
artha dhar][mu ji[b] deśeti masuru[c] tasa bhaṣita o]

Dhammap., 363 :

yo mukhasaññato bhikkhu mantabhāṇī anuddhato
atthaṁ dhammaṁ ca dīpeti madhuraṁ tassa bhāsitaṁ

a. Cette lecture suppose la forme *mandabhāṇin*, « qui parle peu », connue aussi des textes pâlis; elle est beaucoup plus probable que la forme *mantabhāṇī* que le scoliaste se donne, sans grand succès, beaucoup de peine pour expliquer. — *b*. L'*r* se distingue sur le prolongement de la branche droite de l'*m*, fr. de la pl. B. Je ne saurais décider avec certitude si le texte porte *rmu* ou *rma*. — *c*. La lecture *masuru* semble très nette sur le fac-similé de M. d'Oldenburg. Il y a eu confusion de la part du scribe, et cette confusion est assez explicable; il est en effet dans cette écriture une forme de l'*s* qui ne se distingue du *dh* que par l'orientation du crochet terminal, tourné vers la droite dans l'*s* et vers la gauche dans le *dh*. Ce détail semble prouver que, comme on devait s'y attendre, le copiste travaillait sur un manuscrit de même écriture que la sienne.

12 śuñakare[a] praviṭhasa śatacit. . [bhikhuno
amanuṣa rati] [bhoti same dharma[b] vivaśatu o]

Dhammap., 373 :

suññāgāraṁ paviṭṭhassa santacittassa bhikkhuno
amānuṣī ratī hoti sammā dhammaṁ vipassato

a. Je n'essaye pas de décider, au moins quant à présent, si l'*e* final =*aṁ*, ou si, ce qui semble d'abord plus probable, nous avons affaire à une extension de l'emploi du locatif. — *b*. L'extrémité de la queue de l'*r*, attachée — comme on peut le voir au v. 14 — sur la branche de droite de l'*m*, reste encore visible au-dessous de la lacune.

13 yato yato sammaṣati[a] kan(dh)a[na udakavaya[b]
lahati priti][pramoju amutu ta vianatu[c] o]

Dhammap., 374 :

yato yato sammasati khandhānaṁ udayavyayaṁ
labhati pītipāmojjaṁ amataṁ taṁ vijānataṁ

a. Je dois insister un peu sur la lecture que je propose pour ce mot; car la décision prise commande toute une série de cas parallèles; je veux parler du second caractère. Il est certain que l'*u* est habituellement marqué ici par un crochet placé au pied de la consonne et plus ou moins penché vers la droite, d'ailleurs plus au moins fermé, au point de se présenter parfois comme un petit cercle un peu oblong. Le signe que nous avons ici au-dessous de notre ᴗ est aussi un crochet, mais plus arrondi, plus ouvert que l'autre et surtout placé plus vers la droite de la consonne. Si l'on tient compte de cette circonstance que le son *mu* est ordinaiement noté par un caractère spécial, il faut avouer que, malgré une certaine similitude, le signe souscrit doit être distingué du signe *u*, que ce n'est donc pas *mu* qu'il faut lire. Étant donnée la forme de l'anusvára dans l'alphabet épigraphique, on pourrait le vouloir retrouver ici; mais l'anusvâra n'est sûrement pas noté d'ordinaire dans notre manuscrit, et, dans le seul cas absolument certain que j'en aie jusqu'ici relevé — c'est dans les fragments de Saint-Pétersbourg — il affecte au contraire la forme exacte de l'*m;* je ne puis donc voir dans notre crochet un anusvâra, mais simplement un *m* final souscrit, comme souvent dans les textes épigraphiques en dévanâgarî. La lecture *sanuaṁṣati* serait en elle-même invraisemblable; c'est surtout dans le mot *brāhmaṇa* que reparaît notre signe; la transcription *bramaṁna* est également inadmissible. La comparaison qui s'impose avec l'anusvâra des inscriptions est cependant instructive. Tout le monde admet que cette forme de l'anusvâra n'est rien que l'*m* retourné. J'estime que, de même ici, notre crochet n'est rien que l'*m* retourné, mais conservant sa valeur normale. Le signe  serait ainsi = *mm.* Dans tous les cas où je l'ai relevé, cette analyse est absolument satisfaisante. S'il ne paraissait que dans le mot *brāhmaṇa*, on pourrait soupçonner un groupe *mh;* mais, indépendamment de l'invraisemblance graphique, il n'y a point de place pour un *h* dans le cas présent. Un exemple me parait décisif pour l'interprétation que je propose et m'a, pour ma part, finalement convaincu; c'est dans les fragments de Saint-Pétersbourg, au vers qui correspond à Dhammap., 82, le mot 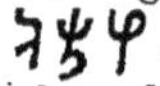. Le crochet inférieur est sûrement intentionnel, et de valeur positive : nous ne pouvons lire que *gammiro* = *gaṁbhīro.* Un peu plus loin dans le même fragment, aux deux vers qui représentent Dhammap., 81, nous retrouvons, très nettement le même tracé . Il est clair que cette fois nous pourrions lire le mot intéressé : *samiṁja*[*ṁ*]*ti;* mais la lecture *miṁ* est exclue pour *gammīro,* et le sanscrit buddhique lit régulièrement *sammiñjati* et habituellement aussi le pâli; nous sommes donc autorisés à lire *sammijati.* Cette lecture du signe  lève, autant que je puis voir, toutes les difficultés. Il est vrai que le redoublement des consonnes ne se note pas dans notre manuscrit. L'objection est de peu de poids si l'on songe à l'inconsistance si caractéristique de son orthographe. Quelque solution que l'on préfère adopter, on ne pourrait échapper à la nécessité d'en admettre, dans ce cas, une manifestation nouvelle, *brāhmaṇa* étant plus souvent écrit par  que par  et *gambhira* par  que par . Quant à l'*ṣ* = *ś* de *sammaṣati*, il s'explique peut-être par le voisinage de l'*r*, un peu comme nous avons *ṣ* = *śr*. Cependant la transcription ordinaire de *rś* sanscrit est *ś*, comme dans °*daśima*, l. 32. — *b*. Le groupe *ndh* est ordinairement écrit *n* avec le trait de l'aspiration au-dessus, qu'il faille l'interpréter *ndh* ou *nh*, comme *bañana* = *bandhana*, à la ligne 49 et ailleurs. Ici la marque de l'aspiration manque. Précisément le *k* est de même pour *kh* = *sk*. L'orthographe assez singulière *udaka* = *udaya*, se reproduit C[ro], 18. Nous trouverons de même (C[vo], 37) *dhoreka*°. — *c*. Je ne construis ni n'entends ce dernier pâda comme les précédents interprètes; je ne puis croire que, placé comme il l'est, le pronom *taṁ* puisse se rapporter à *pritipramoja*, reprendre et résumer ce substantif. J'estime qu'il faut couper la phrase à la fin du troisième pâda et que le quatrième doit se traduire littéralement : « la libération de la mort est [le lot] de celui qui sait [de ceux qui savent] cela », c'est-à-dire de ceux qui, le sachant, le pratiquent et détruisent les skandhas. Pour la suppression du *j* médial, il suffit de rappeler *parvaitasa* de A[4], 3.

14 śuñakari praviṭhasa śataci[tasa bhikhuno
ama][nuṣa rati bhoti same dharma vivaśatu o]

Cette ligne est exactement identique à la ligne 12. Il y a là quelque confusion du copiste qui aura répété une ligne par erreur ou négligé quelque variante partielle qui, dans son texte, différenciait les deux vers. Cf. p. 251-2.

15 .... [....................
....................][................ same dhama vivaśatu o]

Malgré les traces qui subsistent des trois premiers pâdas, je n'ai pas réussi à en rétablir la lecture probable.

16 nathi jhana aprañasa praña nathi ajhayato
[[1] yasa[a] jana ca praña ya so ho] [nirvanasa satia[b] o]

Dhammap., 372 :

natthi jhānaṁ appaññassa paññā natthi ajhāyato
yamhi jhānañ ca paññañ ca sa ve nibbānasantike

a. Ce vers et les deux suivants se complètent au moyen d'un fragment détaché que je désigne comme fr. B VIII. *Yasa* est le génitif faisant fonction de locatif, comme souvent ici. Je ne puis décider, à cause de la cassure, si le Y de *jana* portait ou non le trait de l'aspiration. *Ho* = *khalu*, pour *vai, ve* du pâli. Le bas du dernier caractère est passablement indistinct sur le fac-similé. Je n'oserais pas affirmer que la vraie lecture ne soit pas *satii*, elle serait plus voisine du pâli et grammaticalement plus justifiable.

17 tatrai adi bhavati tadhaprañasa[a] bhikhuno
[[1] idriagoti satuṭhi pratimukhe i[b]] ....

Dhammap., 375 :

tatrāyaṁ ādi bhavati idha paññassa bhikkhuno
indriyaguttī santuṭṭhī pātimokkhe ca saṁvaro

a. Le *t* est net. Nous avons donc, en face de *idha, iha* du pâli, un autre tour *tatha prañasa*, soit que *tathā* se rapporte à la description du vers précédent, « le moine qui ainsi, c'est-à-dire par la méditation, est en possession de la sagesse », soit que cette expression *tathāprajña* rentre dans l'analogie générale d'autres locutions bouddhiques comme *tādṛś* (*tādi, tāyin*), *tathāgata*, etc., dont j'ai touché un mot ailleurs, *JRAS*, oct. 1898, p. 866. — *b.* *I* = *ca*, comme nous l'avons vu déjà. Pour l'expression *pātimokkhe ca saṁvaro*, cf. *savuta prātimukhasa*, fr. C I.

[1] Fr. B VII.

18 mitra bhayea[a] paḍiruva śudhayiva a[b] ....
[[1] paḍisa?ra.tisa. aprak][c] ....

19 datu ayarakuśalo suhu bhikhu vihaṣisi[d] o

Dhammap., 375.

mitte bhajassu kalyāṇe suddhajīve atandite

Ibid., 376 :

paṭisanthāravuttassa ācārakusalo siyā

Ibid., 379 :

so attagutto satimā sukhaṁ bhikkhu vihāhisi

a. A cause de la cassure la lecture du caractère *ye* (= *je*) n'est pas tout à fait certaine; elle me paraît au moins infiniment probable. — *b.* Ce commencement de pâda n'est lisible qu'à la lumière que nous prête la comparaison du pâli. Le demi-vers du Dhammap. forme la fin d'une stance hypermétrique à six pâdas. Comme on le voit, le nôtre forme au contraire le premier tiers d'une stance de ce genre. Il saute aux yeux que l'arrangement de notre texte est le bon : le demi-vers *mitte bhajassu*, etc. se rattache aussi mal que possible au śloka qui précède. — *c.* Le bas des lettres ayant disparu, la lecture n'est pas, dans le premier pâda, sûre pour tous les caractères; après *paḍi* on peut admettre *sadhara* qui serait bien = le pâli *santhāra;* mais le haut du caractère suivant n'a aucunement l'apparence d'un 7, mais bien plutôt d'un φ. Notre texte portait-il *paḍisadharaguti ?* — *d.* *Datu* est, bien entendu, = *dāntaḥ* et *ayara* = *ācāra*. Nous avons déjà rencontré (A², 6) *vihaṣiti*. Notre forme est intermédiaire entre celle du sanscrit et celle du pâli *vihāhiti*. On remarquera, dans le pâli, outre le changement de *r*(*i*)*ṣ* en *h* qui semble dépasser

[1] Fr. B VIII.

le niveau moyen de la dégénérescence phonique dans ce dialecte, l'orthographe *i* pour *ya* qui paraît aussi empruntée à des habitudes graphiques plus libres, moins régulières, que celles qui ont prévalu en général dans sa fixation littéraire. Aussi cette forme, seule normale, a-t-elle été en partie supplantée par des orthographes comme *kāhasi, kāhati, kāhanti* à côté de *kāhisi, kāhiti, kāhinti* qui parurent isolées et singulières.

20 salabhu[a] natimañea nañeṣa smihao sia[b]
añeṣa smihao bhikhu samadhi nadhikachati o

Dhammap., 365 :

salābhaṁ nātimaññeya naññesaṁ pihayañ care
aññesaṁ pihayaṁ bhikkhu samādhiṁ nādhigacchati

a. *Salabha* est ici écrit par 𐨯. Cf. A^{2}, note *a*. J'ai à peine besoin de remarquer que *atimaññati* doit s'entendre au sens de « mépriser, dédaigner ». Childers et M. Max Müller ont déjà corrigé la petite inadvertance de M. Fausböll. — *b.* Je n'ai découvert aucun moyen de distinguer *a priori* l'*m* du *v* conjoint, dans des groupes comme *tv, tm, sm, sv*. C'est peut-être *svihao* = *spṛhayaṁ* qu'il faut lire. Les cas que nous avons déjà relevés, où *p* est changé en *m*, m'ont induit à penser qu'il en pouvait être de même ici; mais je ne vois, entre les deux transcriptions, aucun motif péremptoire de décision. Nous allons, au v. 25, rencontrer la transformation habituelle de *sp* en *ph*. Pour le changement en *o* de la syllabe finale du participe présent, on peut comparer, aux ll. 22 et 23, *anuvici(ñ)tao* et *anusmaro*.

21 apalabho tu yo bhikhu salabhu[a] natimañati
ta gu deva praśajhati[b] śudhayivu atadrita o

Dhammap., 366 :

appalābho pi ce bhikkhu salābhaṁ nātimaññati
taṁ ve devā pasaṁsanti suddhajīviṁ atanditaṁ

a. Sur la planche on pourrait douter s'il faut lire *apalapho* ou *apalabho;* je dois dire que l'original ne laisse aucun doute et que c'est bien en présence du caractère *bh,* 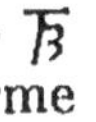 qu'il nous met. Dans *salabhu* nous retrouvons la forme . — *b.* Pour *praśajhati* = *praśaṁsanti*, cf. la note A³, 17. Je prends *gu* pour *ghu* (avec perte de l'aspiration comme dans *kadha* = *skandha,*) = *khu,* scil. *khalu,* qui est aussi représenté par *ho* et *hu.*

22 kamaramu[a] kamaratu kamu anuvicitao
kamu anusmaro bhikhu sadharma parihayati o

a. Ce vers ne diffère du suivant, seul représenté dans le Dhammap. pâli et dont il forme l'antithèse, que par la substitution de *kāma,* « le désir », à *dharma,* « la loi, la vertu », et par la suppression corrélative de la négation.

23 dhamaramu dhamaratu dhamu anuvicitao
dhamu anusmaro bhikhu sadharma na parihayati o

Dhammap., 364 :

dhammārāmo dhammarato dhammaṁ anuvicintayaṁ
dhammaṁ anusmaraṁ bhikkhu saddhammā na parihāyati

24 na śilavatamatrena bahoṣukena va mano[a]
adha samadhilabhena vivitaśayanena va o

25 phuṣamu[b] nekhamasukhu aprudhajanasevi.
bhikhu viśpaśa ma?? a?te asavachaye[c] o

Dhammap., 271-272 :

na sīlabbatamattena bāhusaccena vā puna
athavā samādhilābhena viviccasayanena vā

phusāmi nekkhammasukhaṁ aputhujjanasevitaṁ
bhikkhu vissāsaṁ māpādi apatto āsavakkhayaṁ

a. *Bahoṣukena* s'explique bien =*bahussukkena*, *bahu autsukya*, et le sens d'« énergie, activité » est satisfaisant. On attendrait cependant *s* pour *ts* plutôt que *ṣ*. En revanche le pâli *bāhusaccena*, s'il faut, avec Fausböll, le dériver de *bahu* + *sata* (=*smṛta*), devrait redoubler l'*s* : *bāhussacca*. Comme le groupe *śr* se transforme habituellement en *ṣ* dans notre dialecte, on se demande presque si la lecture primitive n'aurait pas, comme semble le supposer Childers (*Dict.* s. v.), été *bāhusucca*= *bāhuśrutya*, en sorte que nos deux variantes en seraient des déformations parallèles. Il est d'autant plus malaisé de le décider que, après tout, telle qu'elle est, notre leçon *bahoṣukena* est irréprochable pour le sens et — étant données les confusions entre les sifflantes dont le seul vers suivant va justement nous donner deux exemples — très admissible pour la forme. *Mano*, pour *pana(ḥ)*, *punaḥ*, avec changement de *p* en *m*. — *b*. Le pluriel *phuṣamu* est certainement préférable au singulier, par le tour plus général qu'il donne à la pensée. Pour la substitution de *ṣ* à *ś*, je renvoie à *sammaṣati* du v. 13. — *c*. Notre leçon confirmerait, s'il en était besoin, la correction que Childers (*J. R. As. Soc.* n. ser. V, p. 225) a justement introduite dans le texte pâli *vissāsaṁ māpādi* pour *vissāsam āpādi*; car les cas où l'*m* final est ici conservé par le sandhi sont assez rares pour que, *a priori*, la division *viśpaśa ma*° soit de beaucoup la plus probable. Je ne doute guère que les deux caractères à demi perdus n'aient été *padi*; mais je n'en suis pas assez certain pour les faire figurer dans la transcription. Le groupe médial de *viśpaśa* est loin d'apparaître ici nettement. A comparer l'aspect qu'il prend soit dans *viśpa* à la ligne suivante, soit dans *v(i)śpaśa*, C^{vo}, 23, sa forme normale paraît être 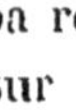. Sa ressemblance est frappante avec le groupe qui figure sur les monuments de Spalagadames, Spalahores, Spalirises et que l'on transcrit ordinairement *sp* et *śp* (Bühler, pl. I, l. 29); je n'ose me prononcer d'une façon décisive entre les deux lectures. Cependant, il ne peut y avoir de doute sur le mot, qui est sûrement *viśvāsa;* la seconde dentale est donc ici indûment palatalisée en *ś;* et cette irrégularité s'explique sans doute, comme dans *śaśana*, par le voisinage d'un autre *ś* palatal; il n'y a ainsi guère d'apparence que cet *ś* palatal ait pu être supplanté dans la syllabe précédente où il est justifie par l'étymologie. J'incline donc vers la lecture *śp* et je l'ai introduite dans ma transcription. Ce groupe ne figure ici que comme représentant un scrt *śv*. Il ne me paraît pas que ce soit une raison suffisante pour le transcrire *śv* et risquer d'effacer une singularité dialectale qui se compare d'elle-même à une particularité bien connue du zend. C'est sûrement *aprate asavachaye* = *aprāpte āsavakṣaye* que lisait notre manuscrit, une fin de vers stéréotypée que nous avons déjà rencontrée et que j'estime plus authentique que le tour adopté par le pâli.

26 na bhikhu tavata bhoti yavata bhichati para [a]
viśpa dharma samadai bh.khu bhoti na tavata o

Dhammap., 266 :

na tena bhikkhu hoti yāvatā bhikkhate pare
vissaṁ dhammaṁ samādāya bhikkhu hoti na tāvatā

a. Il ne peut y avoir d'hésitation à lire *para;* je ne m'explique pas le prolongement de la haste de l'*r* au-dessous du petit crochet inférieur qui, ordinairement, termine ici le caractère. Il est clair que, dans le texte pâli, il faut restituer *tāvatā* pour *tena* qui ne donne pas la mesure nécessaire et ne fournit pas, vis-à-vis de *yāvatā*, le corrélatif normal.

27 o tu baheti pavana [a] vatava brammayiyava [b]
saghai carati loku [c] so tu bhikhu tu [d] vucati o

Dhammap., 267 :

yo dha puññañ ca pāpañ ca bāhetvā brahmacariyavā
saṁkhāya loke carati sa ve bhikkhūti vuççati

a. Je ne décide pas si le copiste a, dans *pavana,* oublié le trait de l'*i*=*pāpāni,* ou si nous avons affaire à un génitif comme le style buddhique en présente souvent après un verbe transitif, et dans la fonction de l'accusatif (cf. le Mahâvastu, *passim*). — *b.* Pour *vatava,* cf. *vatavantaṁ,* Dhammap., 208, 400. *Brammayiyava*=*brahmacaryavan;* j'ai déjà signalé l'orthographe *yi*=*ca;* quant à *ya*=*rya,* le vers C^{ro}, 17, nous montrera côte à côte *virya* et *hinaviyava.* De même je relève *brammayiryena* dans un passage du ms. de Saint-Pétersbourg. — *c.* J'ai déjà signalé la tendance des groupes commençant par la nasale à adoucir la sourde en sonore; d'où *saghai*=*saṅkhāya.* Pour *carati* construit avec l'accusatif, cf. ci-dessus, A^{3}, 6, et *Mahâvastu,* I, 410 al. — *d.* *Ve* du pâli est préférable à notre premier *tu,* qui double par une redondance fâcheuse celui du premier pâda; quant au second, c'est une faute pour *ti,* faute à laquelle, semble-t-il, notre copiste avait une pente naturelle (cf. v. 38), toujours sous l'influence d'un *u* voisin.

28 metravihari yo bhikhu prasanu budhaśaśane
tunati [a] pavaka dharma drumapatra ba maturu ○

Cf. Dhammap., 368, pour le premier demi-vers.

a. Si nous lisons *tunati,* je n'en puis rien faire que *tundati*= *tudati* (cf. le moyen védique *tundate*); mais le sens « frapper » est vague, et l'expression médiocre. Il est aussi facile de lire *dunati,* et l'on pourrait croire qu'il y a une interversion accidentelle pour *nudati* « chasser, supprimer », qui va très bien, comme à la fin du vers, *maturu* est certainement une faute matérielle du copiste, pour *marutu*=

4.

mārutaḥ. C'est peut-être beaucoup d'admettre deux erreurs de même nature dans la même ligne. Le sens général est de toutes façons clair : « Le moine qui vit dans la charité, attaché à l'enseignement du Buddha, chasse le mal comme le vent une feuille d'arbre. »

29 metravihara yo[a] bhikhu prasanu budhaśaś —
paḍivijhu[b] pada śata sagharavośamu suha[c] o

Dhammap., 368 :

mettāvihāriyo bhikkhu pasanno buddhasāsane
adhigacche padaṁ santaṁ saṁkhārūpasamaṁ sukhaṁ

a. *Metravihara*, c'est-à-dire *maitravihāro*, peut fort bien être employé comme équivalent de *maitravihārin*. Cette façon de dire s'ajoute aux vraisemblances grammaticales et à la comparaison des vers suivants, pour commander, dans le texte pâli, la disjonction *°vihārī yo°*. — *b*. On connaît *paṭivijjhati* en pâli pour dire « pénétrer » ; c'est donc un très bon synonyme de *adhigacche*. La désinence seule surprend ; je n'y puis voir en somme qu'un participe présent, pour *paḍivijhaṁ*, qu'il faut compléter par le verbe substantif sous-entendu. — *c*. Dans *sagharavośamu* encore, je ne puis m'empêcher d'admettre une interversion, mais de la voyelle seulement, pour *sagharovaśamu* qui correspond exactement au pâli.

30 udagacitu yo bhikhu abhivuyu priapria[a]
adhikachi pada śata akavuruṣasevita o

Pour le troisième pâda, cf. Dhammap., 368.

a. Un cas similaire m'a déjà (A^3, 16) fourni l'occasion de citer cet absolutif en *yu* pour *ya*. Mais je n'ai pas, jusqu'ici, relevé d'autre exemple (sauf, bien entendu, la répétition au vers suivant) de *v* pour *bh*. Quoi qu'il en soit, *abhivuyu* ne peut guère être que *abhibhūya*. *Abhivahya* auquel on pourrait songer aussi, d'après le précédent de *arayu*, ne donnerait pas un sens ni une construction admissibles. « Le moine qui se sent heureux d'avoir dominé le plaisir et la peine atteint la région de la paix inaccessible aux âmes faibles ».

31 pramojabahulu[a] yo bhikhu abhivuyu priapria
adhikachi pada śata aseyane moyaka[b] o

Pour le premier pâda, cf. Dhammap., 381.

a. On remarquera ici pour le son *hu*, la forme , la forme normale, au lieu de l'ordinaire — *b*. Il manque une syllabe dans ce dernier pâda, et cette irrégularité se complique du māghadisme un peu imprévu *aseyane* = *asecanaṁ*; en sorte que je n'ose guère proposer de conjecture ferme. En admettant que le copiste eût omis une lettre, et en rétablissant *aseyanekamoyaka*, c'est-à-dire *asecanaekamocakaṁ*, on supprimerait au moins la bizarrerie de la finale *e*; mais je manque pour *ekamocaka* « seul libérateur » d'exemples parallèles. Le sens général n'est point atteint par cette incertitude de détail : « Le moine qui se sent plein de joie d'avoir dominé le plaisir et la peine, atteint la région de la paix, la région délicieuse, libératrice. »

32 apramadaratu yo bhikhu pramadi bhayadaśima[a]
abhavu parihanae nivanaseva satii o

Dhammap., 32 :

appamādarato bhikkhu pamāde bhayadassivā
abhabbo parihānāya nibbānasseva santike

a. Entre le signe et le signe , on remarquera un trait oblique. Si le cas n'était ici, à ma connaissance, si isolé, je proposerais de voir dans la forme , un exemple de la variante analogue de l' sur laquelle j'ai eu occasion d'appeler ailleurs l'attention (*Inscriptions de Piyadasi*, I, p. 23-24).

C'est, au moins jusqu'à nouvel ordre, la seule explication que je puisse offrir de cette singularité.

33 apramadaratu yo bhikhu pramadi bha ....
.... [a]

Dhammap., 31 :

appamādarato bhikkhu pamāde bhayadassivā
saññojanaṁ anuṁthūlaṁ ḍahaṁ aggīva gacchati

a. Les traces de lettres à la fin de la ligne ne se raccordent pas exactement sur les deux lèvres de la cassure, je ne puis donc lire avec certitude; mais il est très vraisemblable que notre vers se terminait comme le pâli par : *agiva gachati*. Pour le pâda précédent, rien n'est certain, sinon que l'avant-dernier caractère était accompagné d'un *u* qui correspond bien à *thu* de *thulaṁ*. J'ai, dans le texte pâli, substitué la correction *ḍahaṁ* pour *sahaṁ*, justement indiquée par M. Max Müller (trad. du Dhammap., SBE, p. 10).

34 jai bhikhu ma yi pramadi[a] ma te kamaguna bha-
[mensu cita[b]
ma lohaguḍa gili pramata kana dukham ida ti ḍa-
[jhamano[c]

Dhammap., 371 :

jhāya bhikkhu mā ca pamādo mā te kāmaguṇe bhavassu
[cittaṁ
mā lohaguḷaṁ gilī pamatto, mā kandi dukkham idanti ḍay-
[hamāno

a. La construction du nominatif *pamādo* n'est pas heureuse, et le verbe fini serait plus en situation; mais il me paraît difficile de prendre *pramadi*, comme pourrait être *pramajī*, pour le potentiel, et j'incline à n'y voir que la contre-partie exacte du pâli avec un māgadhisme dans la désinence *i* = *e*. — *b*. Notre texte nous fournit une correction certaine pour le pâli dont le désordre avait justement embarrassé les interprètes. Le groupe *ṅs* dans notre alphabet a tellement l'aspect d'un *s* doublé , que l'on serait tenté d'imaginer que c'est sur un texte écrit dans le même alphabet qu'a dû se produire d'abord la déformation de *bhameṁsu* en *bhavassu*. L'identité, dans le dialecte, du nominatif et de l'accusatif pluriels, tous deux en *ā*, facilitait d'autre part le changement de *kāmaguṇā* en *kāmaguṇe*, rendu nécessaire par la première altération. — *c*. *Kaṇa*, *kanda*, c'est-à-dire *krandan*. La forme *dajjhai* = *dahyate*, est expliquée par Hemacandra IV, 246. « Médite, ô moine, et point de relâchement! Que l'attrait du désir n'égare pas ton esprit. Ne fais pas la folie d'avaler une balle de fer [rouge] pour gémir ensuite, en te sentant brûlé : quelle souffrance! »

35 sija bhikhu ima nama[a] sita ti lahu bheṣiti
chetva raka ji doṣa ji tato nivana eṣiti[b] o

Dhammap., 369 :

siñca bhikkhu imaṁ nāvaṁ sittā te lahum essati
chetvā rāgañ ca dosañ ca tato nibbānam ehisi

a. J'ai déjà signalé le changement de *v* en *m* dans ce *nama* = *nāvaṁ*. — *b*. Je n'ai plus à revenir sur *ji* = *yi* = *ca*. La troisième personne *eṣiti* se peut à la rigueur défendre, en admettant que, avec le second demi-vers, le tour devient général et indéterminé. En somme, pourtant, la seconde personne du pâli est plus naturelle.

36 krodhana akitaña i drohi ni[a] ....
?mayiya caṛa bhikhu .... śaśani[b] o

a. Il reste trop peu de traces de la fin du second pâda pour le restituer avec confiance. Cependant l'avant-dernier caractère paraît avoir été un Y. Je suppose donc que le pâda se terminait par *jahi.* — *b.* Ce dernier vers se peut, je pense, rétablir avec beaucoup de confiance : *bramayiya cara bhikhu prasanu budhaśaśani.* Je traduis donc, sauf la courte lacune du troisième pāda : « Repousse l'homme colère, l'ingrat, le haineux, le. . ., observe la chasteté, ô moine, fidèle à l'enseignement du Buddha. »

37 paja china paja jahi[a] paja utvari[b] bhavai
pajaṣagadhio[c] bhikhu ohatino ti vucati o

Dhammap., 370 :

pañca chinde pañca jahe pañca vuttari bhāvaye
pañcasaṅgātigo bhikkhu oghatiṇṇo ti vuccati

a. Au-dessus du *ja* du second *paja*, on distingue un petit trait; mais il est court, épais, et ne paraît pas avoir eu pour intention — d'ailleurs malencontreuse — de marquer l'aspiration. — *b.* J'ai eu occasion plus haut de signaler cette transposition du *v* : *utvari* = *vuttari.* — *c.* Bien que j'aie indiqué précédemment (l. 3), que je ne croyais pas devoir transcrire *gh*, la forme 𐨓 que nous avons ici, il n'en est pas moins singulier que cette forme se rencontre précisément dans le même mot, ici et à la l. 3, et que, dans les deux passages, ce mot soit écrit fautivement par *ṣ* pour l'*s* dental. Il va sans dire que notre composé est *saṅgādhiko*, et répond fort bien au pâli par le sens, « qui est au-dessus des cinq liens », mais non par la forme.

38 savaśu namaruvasa yasa nathi mamaita
asata i na śoyati so hu bhikhu tu vucati[a] o

Dhammap., 367 :

sabbaso nāmarūpasmiṁ yassa natthi mamāyitaṁ
asatā ca na socati sa ve bhikkhūti vuccati

a. Namaruvasa, le génitif pour le locatif, comme souvent; *hu=khalu; tu* pour *ti*, ci-dessus, v. 27.

39 alagito[a] ya vi carea dhamu datu śatu sañatu bram- [mayari
saviṣu bhuteṣu nihai dana so bramano so[b] ṣamano [so bhikhu o

Dhammap., 142 :

alaṁkato ce pi samaṁ careyya santo danto niyato brah- [macārī
sabbesu bhūtesu nidhāya daṇḍaṁ so brāhmaṇo so samaṇo [sa bhikkhu

a. Rigoureusement, c'est plutôt *alageto* que porte le manuscrit; cependant le trait vocalique semble dépasser un peu la boucle du 𐨒. Il est d'ailleurs très malaisé, dans beaucoup de cas, de décider sûrement si le copiste a voulu écrire *e* ou *i;* à en juger par une foule d'exemples il n'attachait lui-même à la distinction qu'une valeur très relative. — *b.* L'*o* est soudé au crochet supérieur de l'*s*.

40 yo najakamo bh.v.ṣ. s.r(?)[a] ....
bhikhu jahati o .... viva udumareṣu[b]

Suttanip., 5 :

yo nājjhagamā bhavesu sāraṁ vicinaṁ puppham iva udu- [mbaresu
so bhikkhu jahāti orapāraṁ urago jiṇṇam iva tacaṁ purā- [ṇaṁ

a. Il n'y a pas trace du trait de l'aspiration au-dessus du 𐨩. Je crois être certain de la lecture *mo*. Nous avons déjà rencontré plusieurs preuves du penchant de ce dialecte à labialiser l'*a* en *u* après *m*. Il semble bien que notre ms. ait dû avoir une lecture tout à fait équivalente ici à celle du pâli. Il est cependant impossible de rétablir *bhaveṣu saraṁ;* le trait vocalique manque au-dessus du ī ; comme le *ṣ* qui suit est assuré, il est permis de se demander s'il n'y a pas là une erreur matérielle du copiste. — *b.* Notre texte paraît avoir interverti le second et le quatrième pâda. C'est d'autant plus singulier que la seconde moitié de la stance forme, dans ce vers et les suivants, une sorte de cadence stéréotypée. Je ne vois pas quel sens pourrait avoir, à la fin du vers, la comparaison qui du second pâda paraît y avoir été transportée. Quoi qu'il en soit, on peut, sur le rapprochement de C^{ro}, 1, 2, admettre qu'il faudrait compléter *puṣ[u]viva u°.*

Ici nous entrons dans une série de stances qui trouvent leur contre-partie pâlie dans le premier chapitre, *Uragasutta*, du Suttanipâta. Malheureusement les lignes qui vont suivre sont encore plus fragmentaires que celle-ci. Quelques débris, dont plusieurs se raccordent sûrement, permettent de combler une partie du vide; aucune ligne ne se peut compléter en entier. Ces restitutions intéressent surtout la fin des vers, et cette fin est ici uniforme pour tous; ce qui reste des commencements est court et parfois douteux; enfin, bien que les fils latéraux soient conservés, les morceaux qui y adhèrent encore dans la feuille principale B, n'ont pu être réintégrés avec certitude à leur place précise et avec leurs espacements respectifs. Dans ces conditions, on comprendra que je n'arrive pas à rejoindre d'une façon assurée les commencements et les fins de ligne.

Il semble du moins certain que les huit fins de ligne, jusques et y compris celle qui se termine par le chiffre en marge, se suivent sans interruption. Au-dessus et au-dessous la feuille est cassée; des lacunes sont donc, *a priori*, admissibles; mais, pour ce qui est d'une lacune inférieure, la tension visible du fil de gauche paraît l'exclure. Le chiffre en marge marque d'ailleurs la fin d'un chapitre; avec la ligne qu'il prolonge, la dernière de nos huit lignes, se terminait donc la série de ces stances à cadre uniforme.

Si maintenant nous envisageons les commencements, il n'y a pas d'apparence que, entre la ligne *yo upa°*, et la ligne *yasa vana°*, il en manque plus d'une, celle dont le début, *yo eca sari*, est conservé par le fr. B VI.

Ceci posé, le fr. B XIII, qui se raccorde sûrement au-dessus de la fin de la l. 42, garde des restes d'une stance antérieure de même structure. Il est donc certainement tombé une ligne après celle que nous numérotons 40. N'en est-il tombé qu'une ?

A considérer les commencements de ligne, la lacune ne semble guère avoir pu être notable. Supposons-la d'une ligne; il nous resterait huit commencements en face de huit fins, et tout paraîtrait concorder.

Mais les fr. A VI et A V, qui se soudent, se rattachent avec certitude aux fins de ligne 42-45. Il faudrait donc que le début *yo upat* — appartînt au v. 42. Or, si *vikaya* et *ṣaitha* correspondent bien, comme je n'en puis douter, à *vigayha* et *osadhehi* du Suttanipâta, les commencements *yo upa°* et *yo muna°*, indiscutablement continués par fr. B X, ne peuvent appartenir qu'aux ll. 43 et 44. Cet ajustement est, on le verra, confirmé par les lignes suivantes.

Il suppose la chute, non pas d'un, mais d'au moins deux vers. On relierait les fr. B IV et B III, qui se font suite, au commencement *yasavana°*. Les incertitudes que la comparaison du pâli pourrait éveiller sur ce dernier point, et sur le rattachement de la fin de ligne *kapa . . .* au commencement *yo necasari* de la l. 48, ne me paraissent pas de nature à contrebalancer les vraisemblances que j'ai relevées. La vraie difficulté est ailleurs.

Le chiffre en marge de la l. 49 donne 40 pour le nombre des stances de ce chapitre. Dans notre arrangement nous en aurions 42. Il n'y a pas d'apparence qu'un chiffre marquant des unités soit tombé. A supposer la perte d'un seul vers, cette contradiction ne serait pas irréductible. On a vu que le v. 14 fait double emploi. On pourrait admettre que notre copiste a commis une erreur toute matérielle et que le chiffre était exact. L'hypothèse d'une lacune de deux vers exclut cette explication; car il faudrait 41. Il ne nous reste qu'à prendre le chiffre comme fautif. Je sens combien le procédé est extrême. Mais je n'ai découvert jusqu'à présent aucun moyen d'y échapper. Il importe, en tous cas, de garder en mémoire que le raccordement du fr. B X avec le commencement des lignes 43-44, celui des fr. B VI et B XIV avec le commencement des lignes 45-47 et 48-50, et celui des fr. B XIII, A VI, A V, B II, B V et B VII avec les fins de lignes 41-48 sont également inattaquables.

Je demande pardon d'entrer dans de si longs détails à propos de fragments très décousus et d'un intérêt médiocre, mais il est du devoir d'un éditeur de ne les point négliger.

41 ....

.... [[1] orupa. urako jinav(i)va (t)vaya purana[a]]

Suttan., 1 et suiv.

....

so bhikkhu jahāti orapāraṁ urago jiṇṇam iva tacaṁ purā-
[ṇaṁ

a. Les quatre premiers caractères lisibles ne peuvent guère être autre chose que *orapara;* cependant l'*u* est bien visible au pied du second qui a tout l'aspect d'un *r;* le suivant peut être le reste d'un *p*, sans que cela soit certain; quant à l'*r* final, il n'a pas laissé de trace dans notre fragment. On remarquera le changement en *v*, régulier

[1] Fr. B XIII.

dans tout ce passage, de l'*m* final de *jinam* = *jīrṇam*. C'est la contre-partie de *bhamana* = *bhāvana*, *nama* = *nāvaṁ*.

42 .... [[1] vikaya so bhikhu jahati] orapara urako[2] jinaviva tvaya pu-
[rana[a]

Suttan., 2 :

yo rāgam udacchidā asesaṁ bhisapupphaṁ va saroruhaṁ
[vigayha
so bhikkhu, etc.

a. Je suppose que notre *vikaya* = *vigayha*, *vigāhya*. L'équation n'a ici rien de forcé; c'est en tout cas le seul vers de la série du Suttanipāta auquel le nôtre semble pouvoir se rattacher.

43 yo upat — [[3] ineti kodhu visara[a]] .... [[4] ṣaitha[b]] [[5] so bhikhu jahati] orapara urako jinaviva tvaya
[purana

Suttan., 1 :

yo uppatitaṁ vineti kodhaṁ visataṁ sappavisaṁ va osa-
[dhehi
so bhikkhu, etc.

a. Ce dernier caractère ne peut être un *t*, et a bien plutôt l'aspect d'un *r*, encore que le bas de la haste manque du crochet qui, habituellement, l'accompagne. Si telle est bien la vraie lecture, il ne reste qu'à admettre que *r* est pour *ṭ* cérébral, *visara* pour *visaṭa* = *visṛta*. — *b.* La lec-

[1] Fr. A VI.

[2] Le fr. B XIII, garde des traces du haut des caractères *orapara ura* par où il se raccorde avec la pl. B.

[3] Fr. B X.

[4] Fr. A VI, et fr. A V, qui s'ajuste au-dessous, porte les traces inférieures des caractères *ṣaitha s. bh.kh.*

[5] Fr. A VI.

ture *ṣaitha* semble bien ressortir avec certitude du rapprochement des deux fragments. La similitude frappante qu'offrent ces caractères avec (*o*)*sadhehi* du pâli, en même temps que la dissemblance qui en rend l'interprétation si problématique, sont pour dérouter. Si du moins nous avions *ṣaṭhai*, on pourrait croire à un durcissement de *dh* en *th*, et à une orthographe *i* = *hi*. Il est oiseux de se risquer dans des conjectures pour lesquelles nous ne possédons qu'une base trop étroite.

44 yo mana udavahi[a] a[[1]śeṣa bisa] .... [[2]mahoho[b] so bhikhu jahati] orapara urako jinaviva tvaya pu-[rana

Suttan., 4 :

yo mānam udabbadhī asesaṁ nalasetuṁ va sudubbalaṁ [mahogho so bhikkhu, etc.

a. Morris (*Journ. P. T. S.*, 1887, p. 136), estimait qu'il fallait lire dans le pâli *udabbahi*, et dérivait le mot de *ud-vṛh* « extirper ». Notre texte ne peut que favoriser cette conjecture. Il semble que la faute du pâli repose sur une fausse interprétation d'un prâcrit plus altéré, qui aurait ordinairement affaibli *dh* en *h*. — *b*. *Mahoho* = *mahogho*, comme nous avons vu, l. 37, *ohatino*. J'aurais eu quelque peine à discerner les deux premiers caractères sans la comparaison du Suttanipâta.

45 yo taṣa [[3]udachai aśeṣa sa][a] .... [[4]so bhikhu jahiti o]rapara urako jinaviva tvaya [purana[5]

[1] Fr. B x.

[2] Fr. A v.

[3] Fr. B vi.

[4] Fr. A v.

[5] Fr. B vii, porte des traces du bas des caractères de cette fin de ligne, puis *rako*.

Suttan., 3 :

yo tanham udacchidā asesaṁ saritaṁ sīghasaraṁ visosa-
[yitvā
so bhikkhu, etc.

a. Je prends *udachai* = *udachida*, avec chute du *d* (en pâli même : *khāyati*, *khāyita*), et une orthographe approximative *ai* pour *iya*, un peu comme nous avons *uvacai* = *upātyagāt*, *upaccagā*.

46 yo sa[[1] rvakeleśa dalaitha[a] na] .... [[2] ku[b]
so bhikh][[3] u jahati orapara u][[4] rako jinaviva tvaya
[purana

a. Le Suttanip., ne fournit pas de contre-partie à ce vers. *Keleśa* est pour *kileśa; dalaitha* de *dālayati* : « celui qui a brisé toutes les mauvaises passions ». — *b*. La consonne *k* est assez douteuse.

47 [[5] yo ecasari[a] na precasari sa] [[6] rva]- ....
[[7] so bhikhu jahati orapara u][[8] rako jinaviva tvaya
[purana]

a. La correction *neca*° semble tout à fait nécessaire.

[1] Fr. B vi.
[2] Fr. B ii.
[3] Fr. B v.
[4] Fr. B vii.
[5] Fr. B vi.
[6] Fr. B xiv.
[7] Fr. B v.
[8] Fr. B vii.

48 yo neccasari na pre[[1]casari sarva vi][a] .... [[2]? p.[b]
so bhikhu jahati orapara ura][[3]ko jinaviva tvaya
[purana]

Suttan., 8-13 :

yo naccasārī na peccasāri (sabbaṁ accagamā imaṁ papañ-
[caṁ)
so bhikkhu, etc.

a. La formule qui constitue le premier pâda, ici et dans la stance précédente, et qui se reproduit dans les vers 8-14 du Suttan., est embarrassante. Nous avons cette fois *necca*, aussi sûrement que nous avions *eca* à la ligne d'avant. Dans les deux cas, nous avons certainement *preca*. Cela s'accorde assez mal avec le texte pâli tel que nous le donne l'édition de M. Fausböll. Ce texte est en lui-même très douteux et obscur. M. Fausböll analyse *na-ati-sarati, prati-sarati*. Dans cette hypothèse on ne s'explique ni l'*ā* long, qui d'ailleurs est contraire au mètre, ni l'*ī* long que le mètre réclame. Quant à la traduction « he who did not go too fast forward nor was left behind » (SBE, X[2], p. 2), outre des difficultés trop évidentes pour que j'y insiste, ne présente qu'un sens très vague, qui me satisfait mal. Il est malheureusement plus aisé de la critiquer que d'y substituer une version évidente. La persistance de la vocalisation *e*, et de la lecture *preca* dans notre ms., me paraît du moins décisive contre la lecture du pâli. D'autre part la persistance de l'*n* dans le pâli, en présence des divergences de notre texte, me fait incliner à admettre pour les deux cas : *necca*, en sorte que l'antithèse s'établirait entre *na eca et na preca*, c'est-à-dire *na etya na pretya*.

[1] Fr. B XIV.
[2] Fr. B V.
[3] Fr. B VII.

Mais que faire de *sarī*, car telle est l'orthographe que paraît exiger la mesure ? *Sarin* entre en pâli dans certains composés, comme est *avaṁsarī* (*Suttanip.*, 685), pour dire « qui se dirige, qui prend sa course vers ». Je propose, dans *etyasarin* et *pretyasarin*, de voir des locutions formées sur ce type et s'opposant, pour dire : « celui qui n'est pas toujours en route pour venir en ce monde ou pour le quitter », en d'autres termes, « celui qui s'affranchit du cercle de la renaissance et de la mort ». — *b.* Le caractère *p*, bien que coupé à mi-hauteur, paraît certain ; quant à celui qui précède, ce *pourrait* être le reste d'un 𐨐. Cette lecture *kapa*, à la fin du second pâda, ferait songer au vers 16 du Suttanip., dont le second pâda finit par *netukappā*; il est vrai que le premier pāda ne contient pas la formule *yo neccasarī*, etc. C'est pourtant une des raisons qui me laissent quelque doute sur l'exactitude des raccordements que j'ai essayés entre les commencements et les fins des lignes. Elle est en quelque mesure aggravée par la circonstance que le commencement de notre ligne 50 paraît se rapporter au premier pâda de ce vers 16 du Suttanip., en sorte que, si les deux rapprochements étaient justifiés, c'est au commencement de la ligne 50 qu'il conviendrait de raccorder la présente fin de ligne. J'ai indiqué les difficultés auxquelles se heurterait un pareil rajustement ; il rendrait impossibles les combinaisons proposées pour les lignes précédentes, et dont plusieurs paraissent plus sûres, plus convaincantes que celle-ci. Outre l'incertitude qui subsiste sur la lecture *kapa*, et la possibilité toujours ouverte de variantes entre notre texte et la version pâlie, on verra que l'identification de notre l. 50 avec le début pâli de la stance 16 est loin d'aller de cire.

49 yasa anośea na [[1] sati keyi o] [a] ....
.... [[2] urako jina] .... [[3] tvaya purana]

[1] Fr. B XIV. — [2] Fr. B XI. — [3] Fr. B VII.

A la marge : 40.

Suttanip., 14 :

yassânusayā na santi keci mūlā akusalā samūhatāse
so bhikkhu, etc.

a. *Anośea*, pour *anuśea*, offre encore une orthographe particulière, *ea* = *uya*. On voit par l'*o* initial, qui est certain, que, dans la suite, notre rédaction s'éloignait du pâli.

50 yasa vanaśia[a] na [[1] sati keyi] .... [[2] śala[b]
so bhikhu jahati orap] [[3] ara urako jinaviva tva]
.... u .... [c] o

Suttan., 16 :

yassa vanathajā na santi keci

Suttan., 17 :

.... (anīgho tiṇṇakathaṁkato) visallo .....

a. Il est naturel de penser que le commencement du vers correspond bien au premier pâda du pâli [4], et *vanadhia* = *vanathajā* n'aurait rien de surprenant ici où le *j* est plus d'une fois éliminé entre deux voyelles; *ś* pour *th* aurait d'autre part, pour se défendre, la comparaison de *śiśila* pour *śithila*. L' ʔ qui suit a un aspect légèrement anormal, et le crochet supérieur est beaucoup plus fermé que d'ordinaire. Si l'on compare le fac-similé, on pourra constater qu'il n'y

[1] Fr. B XIV.
[2] Fr. B IV.
[3] Fr. B III.
[4] Le fac-similé pourrait faire croire qu'il faut lire *yase vana*[a]; ce serait une erreur. Un minuscule fragment d'écorce s'est collé au-dessus de l'*s*, et c'est l'ombre qu'il porte qui, à la photographie, s'est fixée comme un trait d'encre.

a pas loin de notre *vanaśia* tel qu'il est écrit à *vanadhia*. Peut-être le scribe a-t-il commis une faute de lecture qui se serait nécessairement répercutée dans sa copie. — *b*. On distingue encore à demi, avant *śa*, le caractère *vi*. Je ne puis donc guère douter que nos deux lettres ne représentent la fin du mot *visallo*, qui apparaît au vers suivant du Suttanipâta. S'il en est ainsi, notre texte représenterait par rapport au pâli une variante, qui aurait plus ou moins complètement associé un pâda du vers 16 à un pâda, ou à une partie de pâda, du vers 17. J'ai dit plus haut les motifs qui, malgré cette difficulté, et bien que les fr. B IV et B III ne soient rattachés au fr. B XIV par aucune évidence extérieure, me décident à relier ces divers débris en une stance unique. — *c*. Je tiens à faire remarquer, sans prêter à l'observation plus de certitude qu'il ne convient, que le fr. B III semble bien se raccorder convenablement avec le peu qui reste de cette ligne dans la feuille principale. J'ai déjà dit plus haut pourquoi le chiffre 40 qui marque certainement la fin d'un chapitre et le nombre de vers qu'il contenait, paraît inexact. C'est, suivant moi, 41 ou 42 qu'il aurait fallu écrire, et la marge est trop peu atteinte pour que j'ose admettre que l'exposant de ces unités ait été rongé.

51 ....

.... o.vanas. . .ru[a]

a. Je ne puis rien tirer de ce qui subsiste de ce dernier pâda. Je le regrette d'autant plus que la queue de l'*s*, qui est nettement reconnaissable, est traversée d'un trait semi-circulaire qui formait sans doute, avec la lettre d'appui, un groupe dont il eût été intéressant de fixer la valeur.

52 ....

.... paśadha muto ban(d)hanam eva jayati[a]

Dhammap., 344 :

yo nibbanatho[1] vanādhimutto vanamutto vanam eva dhā-
[vati
taṁ puggalam eva passatha mutto bandhanam eva dhā-
[vati

a. Nous avons déjà rencontré, et nous rencontrerons plusieurs fois par la suite, l'*n* surmonté du trait de l'aspiration pour exprimer *ndh* du sanscrit. Je ne décide pas ici à quelle prononciation exacte correspondait cette orthographe. La lecture *jayati* paraît bien certaine; on ne peut songer à *javati*, écrit par *y* pour *v*, puisque la première syllabe serait brève. Je n'y puis voir que l'équivalent du pâli *yāyati* que je relève par exemple *Mahāvagga*, v, 9, 4, et que j'interprète comme un thème dérivé par extension de *yāti*. Le *j* pour *y*, comme nous avons souvent ici l'inverse, *y* pour *j*.

53 ....

....yi nivana[a] bhodha bhichave o

a. *Nivana* = *nirvanā*. Ce mot rapproche bien cette stance de la précédente; *niḥ-vana* « sans concupiscence », est le synonyme de *nibbanatha* du pâli au vers précédent. « Ô moines, affranchissez-vous de la concupiscence ! »

54 ....

....? cheravayo ? . tara[a]

a. Ces quelques caractères ne me suggèrent aucune restitution plausible. Il faut attendre la découverte de la contre-partie pâlie.

[1] C'est la correction de Childers. *J. R. As. Soc.*, n. s. V, p. 226.

Fragments de B.

J'ai recueilli en tout, dans ce cahier, vingt-sept débris. Je transcris ici ceux qui contiennent au moins quelques caractères certains. Bien que les plus importants figurent déjà ci-dessus dans la reconstitution partielle des lignes 41 et sqq., je crois devoir, pour plus de clarté, les reproduire ici isolément.

I. Quelques restes de quatre lignes; aucune fin de pâda ne vient nous fournir d'indication même approximative sur la place qu'occupaient dans la stance les mots restés plus ou moins visibles, et dont j'ai le regret de ne pouvoir rien tirer de satisfaisant.

.... ta[a] dhamidati ña(t)va ....
.... ruakamanaipracea u ....
.... vinavanaukavaihadu ....
.... ????ga(?)ti? ....

a. Ce caractère est douteux; je n'ose décider si le trait qui apparaît en haut, à droite, lui appartient, ou se rattache au caractère précédent qui a disparu. Je n'ai pas besoin de répéter que, à défaut d'un contexte intelligible, tous les *t* ou *d* peuvent être pris l'un pour l'autre.

II. Cf. ligne 46.

.... ku so bhikh ....

III. Cf. ligne 50.

.... ra urako jinaviva tv ....

IV. Cf. ligne 50.

.... viśala so bhikhu jahati orap ....

V. Cf. lignes 46-48.

.... ??u ....

.... bh. . u jahati orapara ur ....

.... o bhikhu jahati orapara ur ....

.... [ka?]pa s. bhikhu jahati orapara urak ....

VI. Cf. lignes 45-47,

. . . . . udachai aśeṣa sa? ....

. . . rvakeleśa dalaitha na ....

yo ecasari na precasari sa ....

VII. Cf. lignes 45-49.

.... ?ko ? ? ? ? (t)v-u ....

.... rako jinaviva tvaya purana

.... rako jinaviva tvaya purana

.... ko jinaviva tvaya purana

.... tvaya purana

VIII. Cf. ci-dessus, les lignes 16-18.

.... yasa jana ca praña ya so ho (ni)r(va)[a] ....

.... idriagoti satuṭhi pratimukhe i[b] ....

.... paḍisa?ra?tisa ayarak[c] ....

IX.

.... gamagasa ....

X. Cf. lignes 43-44.

.... ineti kodhu visara ....

.... aśeṣa bisa ....

XI. Cf. ligne 49.

.... urako jina ....

XII.

.... sañoya ....

XIII. Cf. ci-dessus, lignes 41-42.

.... orup(?). urako jinaviva tva????
.... orapara u ....

XIV. Cf. lignes 47-50.

.... sarva ....
.... casari sarva vi ....
.... sati keyi o ....
.... sati keyi ....

XV.

.... visa ? ....

C^ro

1 .... [[1]yamaloka ji] ita[a] sadevaka
ko dhamapada sud.śita kuśala puṣaviva payeṣiti

Dhammap., 44:

ko imaṁ paṭhaviṁ vijessati yamalokañ ca imaṁ sadevakaṁ
ko dhammapadaṁ sudesitaṁ kusalo puppham iva pacessati

a. *Ita* c'est-à-dire *etaṁ* : le monde de Yama et le monde des Devas. Dans cette application *eta* est préférable à *imaṁ* du pâli qui ne s'associe bien qu'à *paṭhaviṁ*. Le changement de *puṣpa* en *puṣa* est à remarquer. Pour le sandhi *puṣaviva* cf.

[1] Fr. C vi.

jinaviva des vers B 40 et suiv., et de *payeṣiti* rapprocher *vihaṣisi*, etc.

2 budhu pradha[a] .... ṣiti yamaloka ji eta ṣadevaka
budhu dhamapada sudeśita kuśala puṣaviva[b] payeṣiti o

Dhammap., 45:

sekho paṭhaviṁ vijessati yamalokañ ca imaṁ sadevakaṁ
sekho dhammapadaṁ sudesitaṁ kusalo puppham iva pa-
[cessati

a. C'est sûrement à cette ligne et à la suivante que se rapportent les commencements qui, dans l'état présent de la feuille, apparaissent plus bas, sur la droite. On remarquera l'orthographe *pradha*[*vi*] = *pṛthivī*. — *b.* Je n'oserais affirmer s'il faut lire *puṣaviva* ou *puṣuviva*. J'incline cependant à croire que le scribe a eu l'intention d'oblitérer l'*u* qu'il avait d'abord tracé; j'y incline d'autant plus que, dans le même mot, à la ligne précédente, on semble aussi découvrir comme une intention avortée d'écrire *ṣu*.

3 yadha saga?uḍasa[a] ujhitasa mahapathi
padumu tatra jaea suyigan(d)ha manoramu o

Dhammap., 58:

yathā saṁkāradhānasmiṁ ujjhitasmiṁ mahāpathe
padumaṁ tattha jāyetha sucigandhaṁ manoramaṁ

a. A compléter *sagarauḍasa* = *saṅkārakūṭe*, avec chute du *k* médial. Pour l'équivalence de *saṅkārakūṭa* et *saṅkāradhāna*, cf. Childers s. v. *saṅkāro*. Le génitif dans la fonction de locatif. Le trait de l'aspiration est bien visible au-dessus du *j* de *ujhita* et de l'*n* de *gandha*.

4 . . saghadhadhamaa andhah . te prudhijane[a]
abhi.o.ti[1] prañai samesabudhaṣavaka[b]

Dhammap., 59 :

evaṁ saṁkārabhūtesu andhabhūte puthujjane
atirocati paññāya sammāsambuddhasāvako

a. La lecture *sagadhadhamaa* me paraît certaine, sauf la dernière lettre qui pourrait être *e* ou *i*, la partie inférieure n'étant pas visible. Le mot reste difficile; je ne me tire d'embarras qu'en admettant que le scribe a écrit par erreur *saghadha* pour *sagara* = *saṅkāra*; c'est ce qu'appelle la comparaison du vers précédent; en soi *saghara* = *saṁskāra* ne serait pas inexplicable. Cf. du reste à la ligne 14. Quant à la seconde partie, il ne me reste qu'à prendre *dhamae* = *dharme*, comme nous avons dans l'inscription de Takht i Bahi *śatatimae*, etc. La locution, « qui a la condition du fumier », « qui est comme le fumier », se peut justifier. Il semble qu'il faille lire *hote*, qui serait = *bhūte*. Si la chose n'est pas sûre, elle est au moins fort probable. On remarquera la transcription *prudhi* = *pṛthak*. — *b*. Le *bh* paraît certain; *abhirocati* peut très bien s'employer = *atirocati*. *Same* = *samya*[*k*] est dans notre manuscrit l'orthographe habituelle.

5 [[2]~~~~~~~~~~~~~~~~~~~~~~~~~~~~~ ga 15]

6 yo . [[3]hasa sahasani sagami[a] manuṣa jini
eka ji] .... atmana so ho sagamu[b] utamu o

[1] Dans toute cette partie de la ligne, le fr. VII nous aide à compléter les caractères dont il a en partie conservé le bas. L'*a* initial du troisième pāda y est même conservé intégralement.

[2] Fr. C VII.

[3] Fr. C VII.

Dhammap., 103 :

yo sahassaṁ sahassena saṅgāme mānuse jine
ekañ ca jeyyam attānaṁ sa ve saṅgāmajuttamo

a. Le *g* de *sagami* a de nouveau la forme  qu'on pourrait, si elle ne paraissait qu'ici, être tenté d'interpréter = *gr*. Si l'on veut se rapprocher étroitement du pâli, il faut admettre que *°sahasani* est une interversion, pour *°sahasina*. Mais le tour *sahassaṁ sahassāni* « mille milliers » est pour le moins aussi plausible que l'autre locution. — *b.* Je ne suis pas du tout persuadé que la lecture du pâli *saṁgāmajuttamo* soit autre chose que le résultat de quelque confusion graphique adroitement arrangée. En tous cas, il n'y a rien à chercher dans notre texte que le nominatif *saṅgrāma uttamaḥ*.

7 saha[[1] sa bi ya gaśana[a] anathapa] [[2] ....
e] .... ṣebha[b] ya ṣutva uvaśamati

Dhammap., 100 :

sahassam api ce vācā anatthapadasaṁhitā
ekaṁ atthapadaṁ seyyo yaṁ sutvā upasammati

a. Je n'oserais, sur le seul aspect du caractère, décider positivement s'il faut lire *śa* ou *ya*. Mais nous trouvons ici dans plusieurs cas *ś* pour *th*, par exemple dans *śiśila*, C 30. — *b.* Le caractère que je lis *bh* est ici encore .

8 .... [[3] śata bhaṣe anathapadasahita [a]]
e .... ṣ.hu ya ṣutva uvaśamati

[1] Fr. C VII.
[2] Fr. C XI.
[3] Fr. C XI.

Dhammap., 102 :

yo ca gāthā sataṁ bhāse anatthapadasaṁhitā
ekaṁ dhammapadaṁ seyyo yaṁ sutvā upasammati

a. Bien qu'il ne reste qu'une faible partie des caractères, le rapprochement de la feuille principale met la restitution du vers hors de doute. Quant aux lacunes, il est moins certain qu'il les faille combler exactement d'après le pâli; car dans ce cas le présent vers ferait double emploi, sans variante, avec la ligne 10. Il est probable qu'il devait y avoir quelque différenciation de détail, suffisante pour justifier, au jugement peu difficile des bouddhistes, la répétition de la stance en deux formules très voisines.

9 .... sa bi ya gadhana anathapadasahita
eka gadhapada ṣeho ya ṣutva uvasamati o

Dhammap., 101 :

sahassam api ce gāthā anatthapadasaṁhitā
ekaṁ gāthāpadaṁ seyyo yaṁ sutvā upasammati

10 . ja gadhaśata bhaṣe[1] anathapadasahita
eka gadhapada ṣeho ya ṣutva uvaśamati o

Dhammap., 102. Cf. à la ligne 8.

11 [[2] masamasi sahasina yo yaea] śatena ca [a]
nevi [b] budhi prasadasa kala aveti ṣoḍaśa o

a. Ce vers et les suivants sont jetés dans un même moule dont nous retrouvons les éléments disjoints et légèrement

[1] Ces premiers caractères se complètent en partie par le bas dans le fr. C IX.

[2] Fr. C IX.

différenciés aux vers 106 : *mâse mâse sahassena yo yajetha satamsamaṁ*, et 70 : *na so saṅkhātadhammānaṁ kalaṁ nagghati solasiṁ*, du Dhammapada. L'équivalent de nos six stances se retrouve exactement dans l'*Udānavarga*, trad. Rockhill, chap. XXIV, où il semble que le texte devait se se rapprocher étroitement du nôtre. Cependant le premier demi-vers y est traduit : « Celui qui mois pour mois fait, pendant cent ans, mille sacrifices », ce qui correspond exactement au texte pâli. J'entends notre leçon *sahasena śatena ca* en ce sens que, en multiplant les chiffres, le texte insiste sur le nombre indéfini ou infini des sacrifices. — *b*. Dans les vers suivants nous avons *neva*, qui est la seule forme correcte, car il faut ou *neva* ou *navi* = *nāpi*. « Celui qui mois pour mois offrirait des sacrifices par cent et par mille, celui-là ne gagne pas la seizième partie du mérite que procure la foi au Bouddha ».

12 [[1].samase sahasena yo yaea śatina ca
neva] .... prasa.sa kala aveti ṣoḍaśa [a] o

a. Il faut évidemment compléter [*dhama*]*prasadasa*, et cette stance correspond à Udânav., XXIV, 27.

13 masamase sahasina yo yaea śatena ca
neva saghi prasadasa kala aveti ṣoḍaśa o

Cf. Udānav., XXIV, 28.

14 masamasi sahasena yo yaea śatena ca
neva saghasadhameṣu [a] kala aveti ṣoḍaśa o

a. Ce vers se compare à la stance 70 du Dhammap., qui lit, suivant la correction certaine de Childers : *samkhāta-*

[1] Fr. C VIII.

dhammānaṁ. Ici la lecture *saghata°* est exclue; on peut hésiter seulement entre *saghadha* et *saghasa;* le dernier caractère a en effet souffert; il semble bien cependant que le point noir qui apparaît encore au-dessous marque la fin du crochet retourné de gauche à droite qui caractérise l'*s*. D'autre part, nous avons rencontré à la ligne 4 *saghadhadhama* où le *dh* est aussi certain qu'il est difficilement explicable. J'ai dû, faute de mieux, admettre alors une faute de copie, *dh* pour *r*. Je ne vois guère d'autre ressource que de supposer pareillement ici une erreur, *s* pour *t*. Si l'on pouvait lire *dh*, cette transformation singulière de *t* en *dh* aurait au moins un pendant dans *samadha* de la ligne 16 où je renvoie, et plus près, à la ligne 17, dans *kusidha* = *kusīda*. En tous cas, malgré leur étroite ressemblance extérieure, il est tout à fait invraisemblable que les deux qualificatifs soient, dans l'un et l'autre vers, identiques : le sens exigé par le contexte est, dans un cas, aussi nécessairement défavorable qu'il est nécessairement favorable dans l'autre. On peut admettre ici que l'habitude d'une locution aussi fréquente que *sadhama* a pu incliner un scribe peu instruit à l'erreur dont il se serait rendu coupable. A ce vers correspond la stance 33 de l'Udânavarga dont la traduction, « celui qui explique bien la loi sainte », paraît refléter l'expression *saṅkhyātadharma*.

15 masamase sahasena yo yae[[1]a śatena ca]
.... ?eṣu [a] kala aveti ṣoḍaśa o

a. La consonne mutilée à laquelle est attaché l'*e* peut être *t* ou *r*. Je ne sais aucun moyen de décider entre les deux, non plus que de compléter la ligne. L'Udânavarga a quatre stances, 29-32, qui peuvent à la rigueur correspondre à celle-ci; cependant comme les numéros 29-31

[1] Fr. C XLII.

sont calqués sur une formule unique, faiblement différenciée dans chaque cas, à laquelle doit correspondre le tour de notre stance suivante, comme, d'autre part, la désinence *eṣu* suffit à prouver que notre présent vers n'était pas calqué sur le suivant, il est vraisemblable que c'est au vers 32 de l'Udânavarga que celui-ci faisait pendant.

16 masamase sahasena yo yaea śatena ca
ekapananuabisa[a] kala naveti ṣoḍaśa o

a. Comme je viens de le dire, cette stance fait pendant à l'idée exprimée avec de légères variantes aux stances 29-31 de l'Udāna. En effet *ekapananuabisa* = *ekaprāṇānukampinaḥ* : « il n'obtient pas la seizième partie du mérite qui appartient à qui prend pitié d'un seul être vivant ».

17 ya ja vaṣaśata jivi kusidhu[a] hinaviyava
muhutu jivita ṣebha virya arahato driḍha[b] o

Dhammap., 112 :

yo ca vassasataṁ jīve kusīto hīnavīriyo
ekāhaṁ jīvitaṁ seyyo viryam ārabhato daḷhaṁ

a. Pour *kusidhu* = pāli *kusīto*, scr. *kusīda*, cf. ci-dessus, l. 14. — *b.* Nous retrouverons *driḍha* et *vriḍha* aux ll. 32 et 34 de C^vo^.

18 ya ji vaṣaśato jivi apaśu udakavaya[a]
muhuta jivita ṣebh.[b] paśato udakavaya o

Dhammap., 113 :

yo ca vassasataṁ jīve apassaṁ udayavyayaṁ
ekāhaṁ jīvitaṁ seyyo passato udayavyayaṁ

a. B, 13 nous a déjà familiarisés avec l'orthographe *udaka* = *udaya*. *Śato* et *apaśu* représentent côte à côte la double équivalence *o* et *u* pour la désinence *aṁ*, si souvent constatée ici. *Ji* et *ja* sont des orthographes entièrement équivalentes; on en peut juger par notre *ji* auquel s'oppose *ja* dans les deux vers qui encadrent celui-ci. — *b.* C'est  que je lis *bh*.

19 ya ja vaṣaśata jiv. apaśu dhamu utamu
ṃ.huta jivita .e.hu paśatu dhamu utamu

Dhammap., 115:

yo ca vassasataṁ jīve apassaṁ dhammam uttamaṁ
ekāhaṁ jīvitaṁ seyyo passato dhammam uttamaṁ

20 ya ja vaṣaśata jatu[a] agi pariyara vane
.... sa pi telena divaratra atadrito

21 [[1] eka ji bhavitatmana muhuta] viva p.a?[b]
sameva puyana ṣebha yaji vaṣaśata hotu[c] o

Dhammap., 107:

yo ca vassasataṁ jantuṁ aggiṁ paricare vane
ekañ ca bhāvitattānaṁ muhuttam api pūjaye
sāyeva pūjanā seyyo yañce vassasataṁ hutaṁ

a. Le śloka à six pâdas du pâli apparaît dans notre manuscrit sous la forme d'un double śloka normal; les pâdas trois et quatre développent l'idée contenue dans les deux premiers. Je n'ose rien proposer pour combler cette lacune de trois syllabes. En revanche la lecture *jatu* de notre

[1] Fr. C. XXIX.

ms. suggère pour le texte pâli une correction qui me paraît certaine. On n'a expliqué *jantum*=*jantu*, un nominatif, que par des artifices inadmissibles. C'est *jātu* qu'il faut lire dans le pâli et entendre ici. La voyelle a été omise par le copiste dans *pariyara* qui devrait être *pariyari* ou *pariyare*. « Celui qui, pendant cent ans, entretiendrait continuellement le feu sacré dans la forêt, et jour et nuit sans jamais se lasser . . . . . avec de l'huile . . . . . » — *b*. Je prends *muhutaviva* = *muhutameva*. Pour le dernier caractère, la tête d'un est encore reconnaissable; le scribe avait sans nul doute écrit *puae* avec chute du *y*=*j*. — *c*. *Sameva* = *sāyeva*. *Hotu* = *hutaṁ* montre à quel point *o* et *u* (même bref) s'équivalaient aisément aux yeux de notre scribe. *Ṣebha* écrit par .

22 [[1] ya keja yaṭha [c] va ho. va lok] ....
.... ti ahivadana ujukateṣu ṣiho

Dhammap., 108:

yaṁ kiñci yiṭṭhaṁ va hutaṁ va loke saṁvaccharaṁ yaje-
[tha puññapekho
sabbaṁ pi taṁ na catubhāgam eti abhivādanā ujjugatesu
[seyyo

a. *Keja* et *yaṭha* = *kiji* et *yiṭha*; la vocalisation est peu soignée par le scribe.

23 ~~~~~~~~~~~~~~~~~~~~ ga 17

24 [[2] śilamatu suyisacho [c]] dhamaṭho sadhujivano
'atmano karako sadhu [b] ta jano kurati [c] priuo

[1] Fr. C IV.
[1] Fr. C IV complété par fr. C II.

Dhammap., 217 :

sīladassanasampannaṁ dhammaṭṭhaṁ saccavādinaṁ
attano kamma kubbānaṁ taṁ jano kurute piyaṁ

a. En parallèle à *śilamatu*, scil. *śīlamantaṁ*, je rappelle *vatamata* C, 37. La lecture *suyisacho* semble bien donnée par le raccordement des deux fragments IV et II. *Suyi* = *śuci* est garanti par plusieurs exemples; *sacho* ne peut guère être que = *saccaṁ*, *satyaṁ*, mais alors il faut admettre que l'aspirée est fautive. Je n'aperçois pas d'autre ressource. Le composé *śucisatya*, quoiqu'il se traduise bien en français avec une littéralité singulière « qui dit la pure vérité », n'est pourtant pas une locution courante. *Sādhujīvana:* « de bonne vie ». — *b.* La ressemblance avec le pâli n'est ici que générale. *Kāraka* me paraît employé absolument, comme dans le commentaire du Dhammapada, p. 150-151 ; j'entends, en coordonnant *kārakaṁ* et *sādhuṁ* : « qui est actif et consciencieux pour lui-même », c'est-à-dire qui fait avec zèle et conscience ce qui le concerne. — *c.* La boucle au pied de l'*r* n'étant pas fermée exactement, comme il conviendrait pour exprimer l'*u*, je n'ose affirmer que le copiste ait voulu écrire *kuruti*, c'est-à-dire *kurute*, bien que ce soit pour moi très probable.

25 [[1] ṣadhu śilena sabano yaśabhohasamapitu] [c]
yena yeneva vayati [b] tena teneva puyita o

Dhammap., 303 :

saddho sīlena sampanno yasobhogasamappito
yaṁ yaṁ padesaṁ bhajati tattha tattheva pūjito

a. *ṣadhu* = *śrāddhaḥ*. Je ne découvre pas trace de l'*o* dans le *ś* de *yaśa*. *Bhoha* est certain quant aux consonnes. Mais il

[1] Fr. C II, le haut des lettres pour le second pâda se complétant par la feuille principale.

semble presque que l'*h* soit accompagné en bas à gauche d'un petit crochet exprimant la voyelle *u*. Le scribe aurait-il écrit *yaśabhohu* pour *yaśabhoha?* Je prends d'ailleurs *bhoha* = *bhoga*, par l'intermédiaire de *bhoya*, comme nous avons eu *ṣeho* = *śreyaḥ*, comme nous allons rencontrer à la ligne suivante *dhamiho* = *dhamiyo*, pour *dhammiko*. — *b*. *Vayati* pourrait à la rigueur s'expliquer d'après l'analogie de *abhivuya* B, 30, 31 comme = le pâli *bhajati*. Mais il est plus naturel de penser qu'il est = *vrajati*, et c'est bien plutôt *bhajati* du pâli, très malaisé à interpréter, que je croirais issu, par une confusion inverse, d'un *vajati* primitif.

26 [[1] yo natmahetu na parasa hetu pavani kamani sa-
[maya]rea[a]
na ichia .... [[2] samidhi atmano so śilava] pa-
[nitu[b] dhammiho sia

Dhammap., 84 :

na attahetu na parassa hetu na puttam icche na dhanaṁ
[na raṭṭhaṁ
na iccheya adhammena samiddhim attano sa sīlavā pañ-
[ñavā dhammiko siyā

a. La construction de notre texte avec un *ya* initial est plus naturelle que celle du pâli. *Pavani kamani samayarea* = en pâli *pāpāni kammāni samācareyya*. — *b*. *Panitu*, c'est-à-dire *paṇḍitaḥ*, remplace *paññavā* du pâli. Sur *dhammiho* cf. la note de la ligne précédente.

27 [[3] sañatu sukati yati drugati yati asañatu
ma sa viśpaśa[a]] ————————

[1] Fr. C II.

[2] Fr C XXXI. Ce ne sont que des traces; elles me paraissent suffisantes pour rétablir ces quelques mots avec confiance.

[3] Fr. C I.

a. « L'homme qui domine ses passions va à un avenir heureux ; celui qui ne les domine pas à un avenir malheureux. Que celui-là ne se fie pas... » Je traduis comme s'il y avait *viśvaśe;* mais c'est une simple hypothèse.

28 [1 sa\utu pratimukhasa idrieṣu ca pajaṣu pramuni anu] ....

b. Les deux premiers pâdas se comparent à Suttanip. 340 : *Saṁvutto pātimokkhasmiṁ indriyesu ca pañcasu*; on peut comparer aussi Dhammap. 375 : *pātimokhe ca saṁvaro*. Quant à *pramuni* nous l'avons déjà rencontré A[1], 3. « En se contenant d'après les préceptes et dans ses cinq sens, on obtient... »

29 .... [2 v. s. t. śudhasa suyi] .... ?sa samajakavata [a] o

a. En dehors de *śudhasa* et de *suyi*, c'est-à-dire peut-être *suyikamasa* (= *śucikarma*), je ne puis rien faire de ces débris dont la fin ne me suggère aucune explication plausible. J'attends qu'une mémoire plus fidèle que la mienne en découvre le reflet pâli.

30 [3 dhamu cari sucarita] [4 ???carita cari dhamayari suh.] śeti asmi loki parasa yi o

Dhammap., 169 :

dhammaṁ care sucaritaṁ na naṁ duccaritaṁ care
dhammacārī sukhaṁ seti asmiṁ loke paramhi ca

[1] Fr. C I.
[2] Fr. C I.
[3] Fr. C XIII.
[4] Fr. C V.

31 [[1] ah][[2] o nako va sagami cavadhi vatita śara [a]
ativaka ti] .... [[3] druśilo hi bah]o jano o

Dhammap., 320:

ahaṁ nāgo va saṁgāme cāpāto patitaṁ saraṁ
ativākyan titikkhissaṁ dussīlo hi bahujjano

a. La désinence *dhi*, pour *taḥ*, dans *cavadhi* = *cāpātaḥ* donnerait encore un exemple du changement de *t* en *dh*, si l'on pouvait admettre une transition directe, avec le māgadhisme *te* pour *to*, de *te* en *dhe*, *dhi*. Je n'ai rien de plus convaincant à proposer; ce qui ne veut pas dire que cette explication me satisfasse.

32 [[4].sa acata [a] druśilia malua vavi lata vani [b]
kuya su tadha].[[5] tmana yadha na viṣamu [c] ichati o]

Dhammap., 162:

yassa accantadussīlyaṁ māluvā sālaṁ ivotataṁ
karoti so tathattānaṁ yathā naṁ icchati diso

a. Je connais peu de cas dans notre ms. où, plus que dans le *ca*  d'*acata*, il serait tentant de chercher un anusvâra souscrit, tant le crochet du bas est accentué. Cependant ce serait imprudent; si l'on compare *dhi* de *cavadhi* à la ligne précédente, et *ca* de *carita* à la ligne d'avant, on partagera, je pense, cette impression, et on conclura que, à ce moment de son travail, le scribe s'amusait vo-

[1] Fr. C XIII.
[2] Fr. C V.
[3] Fr. C XXII.
[4] Fr. C V.
[5] Fr. C XXII.

lontiers à accentuer les menues fioritures de certains caractères. — *b.* On voit que notre texte s'éloigne en ce pâda de la version pâlie, et dit simplement : « Celui dont la malignité est extrême comme (*ivāpi*) [celle de] la liane mālukā dans la forêt »; et en effet un passage du *Lal. Vist.* (p. 259, l. 2) caractérise cette plante de l'épithète *asukhedā*, sans autre explication; comme, pour ma part, j'ignore quelle est exactement la plante en question, je ne saurais me flatter d'éclaircir les causes de cette réputation fâcheuse; le vers de la p. 207, l. 5, paraît indiquer qu'il s'agit d'une plante parasite et qu'elle détruit l'arbre où elle s'attache. Le tour de notre recension me semble le plus simple, le plus primitif. Quoi qu'il en puisse être, je suppose, étant donnée la forme sanscrite *mālu*, que *mālua* = *mālukā* et que le pāli *māluvā* n'est qu'une autre orthographe de *māluā* relevée au niveau de la règle pâlie qui exclut l'hiatus. — *b.* *Kuya* = *kuryāt*. *Na* = *naṁ*, *nanu*. *Viṣama* a un sens, « vicieux, méchant », plus vague et moins expressif que le *diso* = *dviṣ*, « ennemi », du pâli.

33 .... [[1] yok.ḍ.[a] bh] ....

.... a raṭhapina asañatu

Dhammap., 308 :

seyyo ayogulo bhutto tatto aggisikhūpamo
yañce bhuñjeyya dussīlo raṭṭhapiṇḍam asaññato

a. Tout ce que nous pouvons voir de ce commencement de vers, c'est que dans *guḍa*, le *g* était durci en *k*, comme si souvent.

34 .... [[2] ga 10]

[1] Fr. C v.
[2] Fr. C xli.

35 ida ja mi keca ida ji karia ida kari ......
...... vinamana abhimadati mucu?? saśoa [a]

a. Je n'ai pas découvert le reflet pâli de cette stance. Je suppose que ce qui en reste donnerait en sanscrit : *idañ ca me kṛtyaṁ idañ ca kāryaṁ idaṁ k* ...... *vindamāno 'bhimardati 'mṛtyu. . saśokaṁ;* ce qui, sous réserve des compléments nécessaires, a pu revenir à un sens général comme : « En reconnaissant son devoir, on écrase la mort et ses peines. »

36 ?dha vaṣa kariṣamu [a] ?dha h.matagi ......
......

Dhammap., 286 :

idha vassaṁ vasissāmi idha hemantagimhisu
iti bālo vicinteti antarāyaṁ na bujjhati

a. Il n'est guère possible de décider si *kariṣamu* est, d'après l'analogie du pâli, la première personne du singulier avec une orthographe inexacte (cf. *phuṣamu*, B, 25), ou représente régulièrement la première du pluriel.

37 ta putrapaśusamadha [a] ......
......

Dhammap., 287 :

taṁ putrapasusammattaṁ biyāsattamanasaṁ naraṁ
suttaṁ gāmaṁ mahogho va maccu ādāya gacchati

a. J'ai signalé à propos de la l. 14 cette orthographe singulière *samadha* pour *samata* = *sammatta*, et cité des analogies.

38 puve i kica parijaga [[1] ?? — kici kicakali adea [a]
tata diśa parika] [[2] ma kicakari no i kicakici ali adea]

a. Bien que la lacune soit relativement peu étendue, je n'arrive pas à découvrir le sens certain de cette stance. Devant *kici* il faut sans doute compléter *no i*, comme au quatrième pâda, les deux ayant, je pense, été identiques, et j'en conclus que le dernier doit se lire *no i kici kica[k]ali adea*, ce qui se transcrit : *na ca kiñcit kṛtyakāle adeyaṁ*, et se peut entendre : « et à l'heure du devoir il ne faut reculer devant aucun sacrifice ». Mais je ne sais au juste comment compléter *parijaga*, qui doit se rapporter au verbe *pari-* ou *pratijāgarati*. On peut cependant, en appliquant *puve* au temps qui précède l'heure des sacrifices, comprendre qu'« il est indispensable d'être en éveil sur son devoir » (cf. la stance 35), et on pourrait compléter *parijagarea* ou *parijagaritva*. Le troisième pâda me laisse entièrement perplexe. Au sujet *kicakari* il faut un verbe; on pourrait prendre qu'il se cache dans *diśa* pour *diśe*, et que *tata* = *tatra* a, comme parfois ici, le sens d'« ici-bas »; mais la traduction : « que l'homme de devoir enseigne ici bas la préparation » impliquerait de *parikarma* une application au moral qui me parait peu probable, et je me persuade que la vraie analyse m'échappe. Voici, en tous cas, quel serait, suivant ces hypothèses provisoires, le sens général de la stance : « Il faut d'abord se bien pénétrer du devoir; car au moment de l'accomplir, il ne faut reculer devant aucun sacrifice; que l'homme de devoir en enseigne ici bas la préparation; car au moment d'accomplir le devoir, il ne faut reculer devant aucun sacrifice. »

39 ya puvi karaniani [[3] pacha ṣakaru ichati [a]

[1] Fr C XXVII.
[2] Fr C XXX.
[3] Fr C XXVII.

atha dubakati[b] balu] [[1] suhatu parihayati]

a. J'admets que *ṣakara* est pour *saṅkara*, comme nous avons relevé *ṣaga* pour *saṅga*, B, 3, 27, et je prends que le mot désigne le trouble et le tumulte de la vie extérieure, par opposition aux devoirs tranquilles de la vie religieuse. — *b.* La vraie analyse de *dubakati* m'échappe, j'en ai peur; en prenant *kati* = *gati*, il resterait *duba* dont je ne puis rien faire; j'en arrive ainsi à admettre que *dubakati* = *duṣprakṛti*, et, me référant à l'emploi de *pakatattā* pour dire « régulier observateur de ses devoirs » (*Jātaka*, I, 236; S. B. E. xvii, 340 n.), je comprends : « qui n'observe pas la règle ou le devoir ». Je dois ajouter que le caractère que je transcris *ka* se pourrait fort bien interpréter = *śp*. Mais que faire de *dubaśpati?* En somme je traduis : « Celui qui, après avoir d'abord aimé ses devoirs, aime le tumulte du monde, l'insensé, oublieux de la règle, perd le bonheur. »

40 akita kuki. [[2] ṣehu[a] pacha tavati drukita
kita nu sukita ṣeh]. [[3] ya kitva nanutapa(?)ti]

Dhammap., 314:

akataṁ dukkataṁ seyyo pacchā tapati dukkataṁ
katañ ca sukataṁ seyyo yaṁ katvā nānutappati

a. *Kukṛtaṁ* pour *duṣkṛtaṁ* ne fait nulle difficulté. Je ne puis affirmer, à cause de la cassure, si c'est bien *ṣehu* et non *ṣeho* qu'a écrit notre copiste.

Au-dessous de cette ligne nous avons des traces légères, mais certaines, d'au moins deux lignes : le haut d'un pre-

[1] Fr. C xxx.
[2] Fr. C xxvii.
[3] Fr. C xxx.

mier caractère, et le bas de trois ou quatre. Il n'y a bien entendu absolument rien à en tirer.

41 asava teṣa vaḍhati ara te asavacha..

....

Cf. Dhammap., 253 :

....

āsavā tassa vaḍḍhanti, ārā so āsavakkhayā

a. A compléter *asavachaya*, comme en pâli. On voit que notre recension a le pluriel au lieu du singulier. De toute façon, ce demi-vers ne peut finir qu'après une description préalable de « ces hommes »; et en effet le demi-vers pâli forme la fin d'une stance; dans notre manuscrit il commence une ligne; d'où il suit, ou qu'il formait la fin d'un *śloka* à six pâdas, ou que la pensée, ramassée dans le pâli en une stance unique, en remplissait ici deux qui se complétaient.

42 yeṣa tu susamaradha nica kayakata sma..................................

....

43 satana sabrayanana taṣa?[a]..

Dhammap., 293 :

yesañ ca susamāraddhā niccaṁ kāyagatā sati
akiccan te na sevanti kicce sātaccakārino
satānaṁ samprajānānaṁ atthaṁ gacchanti āsavā

a. Il est à croire que, comme dans le pâli, nous avions une stance à six pâdas, et que les pâdas trois et quatre étaient au moins très analogues à ceux du pâli. Cependant, au sixième, les deux textes divergent, et je ne puis rien faire de certain de notre *taṣa*, peut-être fautif pour *teṣa*. On remarquera l'orthographe *satana* = *smṛtānāṁ*, à côté de *smati*.

C[vo]

1 ?.?.? ra athu ? .... ???

....

2 yo vi varṣaśata jivi[a] so vi mucuparayano
na bhaje pari ....

a. Par son commencement ce vers se rattache à une série que nous avons eue plus haut (C[ro], 17 et suiv.); elle est représentée, on l'a vu, dans la recension pâlie; mais la stance présente n'y a pas de contre-partie exacte. Le début du troisième pâda semblerait se comparer au commencement de Dhammap. 78; cependant l'identité est d'autant plus problématique que notre cinquième caractère paraît bien, quoique mutilé, avoir été, non *va* de *pavaka*, mais *ri*. *Mucuparayana*, comme par exemple, Suttanip., 678. « Vécût-on cent ans, on reste voué à la mort. . . »

3 parijinam ida ruvu roaniḍa [[1] prabhaguno[a]
bheṅsiti p . ti] ....

Dhammap., 148 :

parijiṇṇam idaṁ rūpaṁ roganiḍḍhaṁ pabhaṁgunaṁ
bhijjati pūtisandeho maranantaṁ hi jīvitaṁ

a. *Prabha°* par μ. — *b*. Le groupe que je lis *ṅs* a exactement l'aspect du caractère auquel j'ai précédemment été amené à attribuer cette valeur. On pourrait ici songer à l'analyser en *ts*, le *t* étant ajouté au-dessous de la boucle de l'*s*; mais, admissible peut-être ici, cette explication ne le serait pas dans les autres rencontres; la transcription *bheṁsiti* = *bhetsyati* (c'est-à-dire *bhetsyate*) se peut au contraire justifier par cette tendance à la nasalisation devant la sifflante dont le pâli et les prâcrits offrent plus d'une trace. Je n'en veux ici rappeler qu'un exemple, *bhiṁsana* = *bhîṣaṇa*. De toute façon notre texte oppose le futur au présent du pâli. J'ai dans le vers pâli introduit la correction certaine *maraṇantaṁ* dès longtemps réclamée par Childers.

4 ko nu h?[a] .... [[1] lite sati
an.kar. ? prachiti[b] pra] ....

Dhammap., 146 :

ko nu hāso kim ānando niccaṁ pajjalite sati
andhakārena onaddhā padīpaṁ na gavessatha

a. La feuille, cassée en cet endroit, ne s'est pas exactement rajustée sous le verre. Ce commencement est garanti par le fragment qui contient une partie de la suite. — *b*. Si la lecture est indécise, il est du moins certain que notre texte avait ici une variante. *Pra*, qui commence le dernier pâda, semble indiquer que la fin était des deux parts semblable. Nous devions, suivant toute probabilité, avoir ici un équivalent de *andhakārena onaddhā*. *An(dh)akar* va bien, et *prachita* = *prakshipta* également; seule la désinence *ti* est surprenante; il est sûr aussi que nous avions autre chose que la désinence °*kāre* ou *kāraṁ*; outre le mètre, les traces qui subsistent au-dessous de la ligne après la lettre *r* le démontrent; je n'arrive pas à une restitution convaincante.

5 yam eva paḍhama rati gabhirasati manavo
avi ṭhi[a] ....

Fr. C XXXIII.

a. La transcription en sanscrit : *yam eva prathamāṁ rātriṁ gambhīrasmṛtir māṇavaḥ api sthi-*, paraît s'imposer ; elle ne donne pas les éléments d'une construction qui permette d'entrevoir le sens général.

6 yasa rativivasina ayu aparato sia
apodake[a]..

a. La lacune, trop étendue, rend impossible ici encore l'intelligence des débris. Je transcris : *yasya rātrivivāsena āyur aparataṁ syāt alpodake.* Mais je ne connais pas d'exemple de l'emploi de *aparata*, et *aparânta* ne donnerait, autant que je puis voir, aucun sens. Le bas de la lettre initiale n'est peut-être pas complètement intact ; c'est peut-être *u* que portait primitivement le ms. Même avec *uparata*, on voit mal qui peut être ce sujet « dont la vie s'arrête avec l'aurore ».

7 ye hu dhayeyu[a] dahara ye ca majhima poruṣa
anupa ?.. sa nica maranato bhayo[b] o

a. Le *y* final est rattaché au *d* suivant par une liaison cursive qui forme boucle et où peut-être se marque l'intention de noter l'*u*; de toute façon il est nécessaire. *Dhayeyu* est le potentiel de *dhayati* « teter ». — *b.* Cf. Sultanip., 576 : *evaṁ jātānaṁ maccānaṁ niccaṁ maraṇato bhayaṁ.* Je ne me flatte pas de combler la lacune qui, cette fois, n'empêche pas de reconnaître le sens de l'ensemble. « Enfants qui tètent ou hommes mûrs..... (sur tous est) toujours (suspendue) la crainte de la mort ».

8 ?dha phalana pakana nica patanato..............................
....ya ayu payeti panina[a] o

Cf. Suttanip., 576 :

phalānam iva pakkānaṁ pāto papatanā bhayaṁ
evaṁ..

et Dhammap., 195 :

yathā daṇḍena gopālo gāvo pāceti gocaraṁ
evaṁ jarā ca maccu ca āyuṁ pācenti pāṇinaṁ

a. Notre vers semble fait du rapprochement, assez incohérent d'ailleurs, d'une moitié de chacune de ces stances. L'*u* final de *ayu*, si nécessaire qu'il soit, est encore plus douteux que celui de *dhayeyu*, à la ligne précédente; il paraît indiqué sommairement un peu de la même manière.

9 yadha nadi pravatia racha vahati? [a] ....
.... tavi oharanaseva satii o

a. Ce que l'on voit de plus clair ici, c'est que le vers s'inspire de la même pensée que le vers 18 du chap. 1 de l'Udānavarga : « Comme les eaux d'un ruisseau, les heures de la vie de l'homme s'écoulent jour et nuit; de proche en proche elle court à sa fin ». Je ne suis pas sûr de la lecture *racha* ou *vacha;* de toute façon je n'y puis voir qu'un reflet de *vṛkṣa*, soit pour *vracha* soit pour *rakkha*. *Pravatia* = *pravarteya*. Enfin je prends *ohārana*, en me fondant non sur des exemples, qui me manquent, mais sur l'étymologie et sur le témoignage de l'Abhidhānappadīpikā, au sens de « suppression, fin ». « Comme un fleuve se met à couler, entraîne les arbres..... vers sa fin. »

10 yadhavidanivikoti yayedevaoḍuopati
apakabhotivo ....

11 emam eva manuś .... s(?).ti(?) pranayo
yaya avi?sati(?)rati(?) maranaseva satii

J'ai le regret de ne pouvoir tirer de ces deux restes de vers aucun sens continu. L'incertitude qui pèse sur plusieurs lectures se complique des lacunes. N'ayant rien de probable à proposer pour les deux premiers pâdas de la première stance, ni pour les pâdas deux et trois de la seconde, je préfère ne pas multiplier des conjectures que la découverte d'une contre-partie sanscrite ou pâlie rendra quelque jour superflues.

12 sati[a] eki na diśati pratu diṭho bahojano
pratu eki na diśati sati diṭha bahojano o

Jât. IV, 127, st. 6 (Dasarathajâtaka):

sāyam eke na dissanti pāto diṭṭhā bahujjanā
pāto eke na dissanti sāyaṁ diṭṭhā bahujjanā

a. Je ne sais trop comment expliquer notre forme *sati* ou *sadi*=*sāyaṁ*; *sai* irait bien; mais cette dentale intercalaire est au moins fort exceptionnelle. Je ne vois pourtant pas qu'il puisse y avoir de doute sur l'équation.

13 tatra ko viśpaśi macu daharo dhitijivit.[a]
........................?vi miyati nara nari ca ekada[b] o

a. *Tatra* c'est-à-dire « ici-bas ». Comme *viśpaśi* réclame un complément, je suppose qu'il faut lire *dhitijivite* dont je crois, en fait, reconnaître les traces; et je prends *dhitijivita*, c'est-à-dire *dhṛtijīvitaṁ*, un peu dans le sens qu'aurait *jīvitadhṛti* « la solidité, la durée de la vie » *Macu*=*martyaḥ*. — *b.* Je considère *vi* comme la seconde syllabe de *sarvi* =*sarve*, dont le premier caractère me paraît encore suffisamment reconnaissable. Avant est tombé soit *manuśa*, soit quelque équivalent. Au-dessus de *ca* paraît une sorte de boucle, comme serait l'*i* de l'alphabet devanâgarî. Je n'en aperçois ni l'utilité ni la signification possible. « Quel mortel, même jeune, pourrait ici-bas se fier sur la durée de la vie? Tous [les humains], hommes et femmes, sont destinés à mourir un jour. »

14 ayirena vatai kayu paḍha .... [[1] ṣiti ruchu[a]] .... viñana niratha ba kaḍigaru o

Dhammap., 41 :

aciraṁ vatāyaṁ kāyo paṭhaviṁ adhisessati
chuddho apetaviññāno nirattham va kaliṅgaraṁ

a. Rucho, pâli *rukkho* « grossier, rude », peut fort bien prendre dans notre texte la place du pâli *chuddho*, « vil, méprisable ». Notre texte paraît aussi, dans le composé *apetaviññāno*, avoir remplacé *apeta* par quelque synonyme. On découvre en effet un caractère de plus et aucune des têtes de lettres qui demeurent apparentes ne porte de vocalisation *e*.

15 . . . . [[2] avathani a . . u ? ? ? ? ?[a]
........................] [[3] ni śiṣani tani diṣṭani ka] rati[b] o

16 [[4] yanimani prabhaguni vichitani diśodiśa[b]
kavotaka].[[5] aṭhini tani diṣṭani ka] rati o

Dhammap., 149 :

yānīmāni apatthāni alāpuneva sārade
kāpotakāni aṭṭhīni tāni disvāna kā rati

a. J'ai rapproché ces deux stances dont chacune comprend un des demi-vers réunis dans le pâli en une stance unique. J'estime en effet que l'on peut avec confiance restituer cette ligne : [*yanimani*] *avathani alapuni va sarade;* aucune des

[1] Fr. C XLI vo.
[2] Fr. C XIV.
[3] Fr. C XXII vo.
[4] Fr. C XIV.
[5] Fr. C XXII vo.

traces qui subsistent ne contredit cette hypothèse. — *b.* Je n'ai aucun moyen de rétablir les premières syllabes de cette ligne; il en résulte que l'interprétation de ce qui reste visible *ni śiṣani* demeure incertaine. Le dernier pâda oppose dans les deux lignes *tani diṣṭani* à *tāni disvāna* du pâli. La lecture ne semble pas contestable, bien que le *ṭ* affecte une forme purement conventionnelle. Il semblerait plutôt dérivé du *t* dental. La construction est ainsi moins normale, mais non pas inadmissible dans ce style. — *c. Prabhaṁguni* (écrit par ꟼ comme *prabhaguna* à la ligne suivante) suppose un thème *prabhaṅgu*, identique pour le sens à *prabhaṅga*, qui a donné en pâli et dans notre dialecte *prabhaṅguna*. Le vers suivant confirme cette forme. *Vichitani*=*vikshiptāni.*

17 [[1] imina putikaena aturena pabhaguna
nicaśuhavijinena jaradhamena s]..
. . dha parama śodhi yokachemu anutara[a] o

a. Ce vers se compare à la stance, non pas identique, mais de sens analogue et de structure toute similaire, Therag., 321, à laquelle correspond plus exactement notre ligne 20:

ajaraṁ jīramānena tappamānena nibbutiṁ
nimmissaṁ paramaṁ santiṁ yogakkhemam anuttaraṁ

Nous n'avons certainement pas ici le tour par la première personne, *nimmissaṁ;* mais comme la troisième lettre *dha* est certaine, qu'un *m* (peut-être *me?*) paraît certain aussi immédiatement avant, et qu'un *i* accompagnait la consonne précédente, *nimadha* ou *nimedha* paraîtrait probable; il est assuré par la ligne 20; on traduira « faites ». Je comprends *nicaśuhavijinena* = *nityāśubhavicīrṇṇena* « toujours

[1] Fr. C XIV.

plein d'impuretés ». Je traduis donc : « Avec ce corps qui n'est que pourriture, malade, voué à la destruction, incessamment plein d'impuretés, soumis à la décrépitude, ..., obtenez la pureté parfaite, la félicité suprême ».

18 [[1] imina putikaena vidvarena ....
[[2] (nicaśuhavijinena)] ....
.... dha parama śodhi yokachemu anutara ○

19 [[3] imina putikaena viśravatena putina[b]
nica][[4] śuhavijinena jaradha] ....
-[[5] medha parama śodhi yokachem.] anutara[a]

a. Les débris nous permettent de reconnaître que les deux stances étaient, d'une façon générale, jetées dans la même formule que le vers 17. — *b.* *Viśravatena, viśravantena,* de *vi-sru* « coulant, se décomposant ». *Pūti* adjectif.

20 [[6] ayara] jiyamanena ḍajhamanena nivruti[a]
nimedha[b]] [[7] parama sodhi yokachemu anutara]

a. Je renvoie au vers des Theragāthās que j'ai cité à la l. 17. — *b.* Relativement à *nimedha*, cf. l. 17. « Avec ce [corps] voué à la décrépitude, à la souffrance, obtenez la joie sans déclin, la pureté parfaite, la félicité suprême. »

[1] Fr. C XIII.
[2] Fr. C XIV.
[3] Fr. C XXI.
[4] Fr. C I.
[5] Fr. C XL.
[6] Fr. C I.
[7] Fr. C XXVI.

21 [[1] jiyati hi rayaradha sucitra [a] adha śarira bi jara uveti
na ta tu dharma ca ja] [[2] ra (u)veti [b]] .... kao

a. *Jīyati*=*jīryate*. — *b*. L'*n* qui commence le troisième pâda est d'une forme un peu particulière; je ne vois pourtant pas d'autre lecture possible. J'en dirai autant du caractère qui suit *dharma* et que je transcris *ca*. Peut-être la fin du vers en aurait-elle expliqué la présence ici. Je comprends : « Le char royal, malgré toute sa splendeur, se détruit; de même la destruction envahit le corps; mais la destruction n'envahit pas cette Loi . . . ».

22 [[3] muj . p . rat. muj][[4] u pachatu majhatu muju [a] bhavasa parako
sarvatra vi ....] (na punu jatijaravuvehisi) [b]

Dhammap., 348 :

muñca pure muñca pacchato majjhe muñca bhavassa pāragū
sabbattha vimuttamānaso na punañ jātijaram upehisi

a. L'orthographe *muju* correspond, non à l'impératif, *muñca* que porte le pâli, mais au participe présent *muñcan*, qui va aussi bien pour la construction. — *b*. J'ai enfermé entre parenthèses le dernier pâda; les traces qui en restent se laissent à la lumière de la version pâlie, inter-

[1] Fr. C I.

[2] Fr. C XXVI.

[3] Fr. C I. — Ce fragment n'a, pour ce commencement de ligne, conservé que peu de traces du sommet des caractères. Je crois cependant que, à la lumière du pâli et d'après l'analogie de la suite, on peut rétablir avec confiance les lettres telles que je les ai transcrites.

[4] Fr. C II.

préter comme je l'ai fait; mais je ne puis évidemment me porter garant de plusieurs détails.

23 〜〜〜〜〜〜〜〜〜〜〜〜〜〜〜〜〜〜 ga 25]

24 [[1] aroga parama labha satuṭhi parama dhana
vaśpaśa [a] parama mitra] nivana paramo suha

Dhammap., 204 :

ārogyaparamā lābhā santuṭṭhīparamaṁ dhanaṁ
vissāsaparamā ñāti nibbānaṁ paramaṁ sukhaṁ

a. Nous avons dans *vaśpaśa* pour *vi°* un cas certain de négligence dans la notation des voyelles. Je crois que le mot en contient en réalité deux, et qu'il faudrait *viśpaśo*. Je prends *ārogya*, *santuṭṭhi* et *vissāsa* non comme membres de composition, mais comme des nominatifs, et je crois que le pâli devrait écrire *ārogyaṁ*, et *vissāso*, exactement comme il écrit *nibbānaṁ*.

25 .... [[2] saghara parama duha
eta ñatva ya]dhabh.tu nivana paramo suha [a] o

Dhammap., 203 :

jighacchā paramā rogā saṁkhārā paramā dukhā
etaṁ ñatvā yathābhūtaṁ nibbānaṁ paramaṁ sukhaṁ

a. Il faut dans le pâli choisir entre *jighacchāparamā rogā* avec *saṁkhāraparamā dukhā* et *saṁkhārā paramā dukhā* avec *jighacchā paramo rogo*.

26 ....
.... matrasuha dhiro sabaśu vi.la suha [a] o

[1] Fr. C II.
[2] Fr. C II.

Dhammap., 290:

mattāsukhapariccāgā passe ce vipulaṁ sukhaṁ
caje mattāsukhaṁ dhīro sampassaṁ vipulaṁ sukhaṁ

a. *Sabaśu* = *sampaśyan* avec l'adoucissement habituel de la ténue en sonore après la nasale. Le caractère manquant ne peut être *pu;* comme, d'autre part, *vi* et *la* paraissent sûrs, c'est très probablement *vu* qu'il faut lire, *vivula* pour *vipula.*

27 .... u . eṣu anusua
(usu)eṣu manuśeṣu viharamu anusua o

Dhammap., 199:

susukhaṁ vata jīvāma ussukesu anussukā
ussukesu manussesu viharāma anussukā

28 suhai vata jivamu viraneṣu averana
[[1] veraneṣu ma]nuśeṣu viharamu averana o

Dhammap., 197:

susukhaṁ vata jīvāma verinesu averino
verinesu manussesu viharāma averino

a. *Suhai* = *sukhâya,* c'est-à-dire « pour le bonheur, dans le bonheur ». Il semble bien que notre copiste, qui écrit partout *verana,* ait eu l'impression d'un adjectif *verana* et non du *verina,* développé de *verin, vairin,* que reflète *averino* du pâli. Le locatif *verinesu* du pâli est en effet bien dur. J'inclinerais volontiers à admettre comme lecture originaire un adjectif *averana;* peut-être n'est-il pas aussi improbable qu'il paraît d'abord, si on prend pour point de départ le négatif *averana* formé d'un substantif *verana*, *vairaṇa* qui se pourrait expliquer comme = *vaira*; l'adjectif *kiñcano* au vers suivant viendrait à l'appui de cette interprétation.

29 suhai .... jivamu kijaneṣu akijana[a]
kijaneṣu ma . u . . u .haramu akijana o

a. Dans l'interprétation de Dhammap., 200, qui correspond partiellement à ce vers et au suivant, Childers (*Dict.*, s. v.) hésitait sur la traduction de *kiñcana*; le mot était-il composé au moyen du substantif technique *kiñcana* qui comprend la triple catégorie *rāga*, *dosa*, *moha*? Il semble que le dédoublement de la stance dans notre texte indique que les deux idées possibles flottaient également dans la pensée de la tradition; elle les a ensuite isolées, chacune dans une strophe particulière. Quoi qu'il en puisse être, l'adjectif *kiñcano* ne se peut, je pense, expliquer, ainsi que j'ai proposé de faire pour *verano*, que comme tiré du négatif *akiñcano*. Dans le cas présent, la nécessité de ce détour me paraît tout à fait frappante.

30 suhai vata jivamu yeṣa mu nathi kajani
kijaneṣu manuśeṣu viharamu akijana

Dhammap., 200:

susukhaṁ vata jīvāma yesan no natthi kiñcanaṁ
(pītibhakkhā bhavissāma devā ābhassarā yathā)

a. La forme *mu*, *mo* = *naḥ* est connue par exemple dans la langue du Mahâvastu. *Kajani* est une faute du copiste, pour *kijana*.

31 na ta driḍha ban(d)hanam aha dhira ya asa daruva [babaka va[a]

saratacita manikunaleṣu[b] putreṣu dareṣu ya ya aveha

Dhammap., 345 :

na taṁ daḷhaṁ bandhanam āhu dhīrā yad āyasaṁ dāru-
[jaṁ pabbajañ ca
sārattarattā maṇikuṇḍalesu puttesu dāresu ca yā apekhā

a. Je ne décide pas si la lecture originale était *āhu dhīra* ou *āha dhīro*. Le mètre prouve que la faute du copiste ne consiste pas dans une simple interversion *yaasa*, pour *ayasa*, mais, comme l'indique le texte pâli, dans l'omission du second *ya*, *ya asa* pour *ya ayasa.* Le premier mot étant un adjectif, je prends ensuite *daruva* = *dāruvaṁ*, pour *dāruyaṁ*, *dārujaṁ*, et non pour *dāru* suivi de *vā*. Il est curieux que dans le mot voisin, *babaka*, nous trouvions, à l'inverse, le durcissement de *j* en *k*. — *b*. La leçon *saṁrattacittā* est certainement préférable au *sārattarattā*, passablement obscur, du pâli. *Kunala*, c'est-à-dire *kuṇḍala*.

32 eta dridha ban(d)hanam aha dhira oharina śiśila
[drupamuchu[a]
eta bi chitvana parivrayati anavehino kamasuhu pra-
[hai

Dhammap., 346 :

etaṁ daḷhaṁ bandhanam āhu dhīrā ohārinaṁ sithilaṁ
[duppamuñcaṁ
etaṁ pi chetvāna paribbajanti anapekhino kāmasukhaṁ
[pahāya

a. J'ai déjà relevé la substitution de *ś* pour un *th* étymologique; le dernier caractère se pourrait peut-être, à la rigueur, lire *ju*, au lieu de *chu*. Cependant la transcription que je donne est pour moi de beaucoup la plus probable. Le souvenir de mots comme *mokṣa* a pu faciliter l'erreur.

33 ye rakarata anuvatati[a] sotu saigata.........................
etā b. ch.tvana parivrayati anavehino kamasuha pra-
[hai

Dhammap., 347 :

ye rāgarattānupatanti sotaṁ sayaṁkataṁ makkaṭako va
[jālaṁ
etaṁ pi chetvāna vajanti dhīrā anapekhino sabbadukhaṁ
[pahāya

a. N'était le texte pâli, j'avoue que je n'aurais pas hésité à entendre *anuvartanti* au lieu de *anupatanti*. La seconde façon de dire me paraît tellement moins naturelle, que je me demande si *anupatanti* n'est pas le résultat d'une restauration artificielle exécutée sur un texte, oral ou écrit, qui portait, comme le nôtre, *anuvata(ṁ)ti*.

34 ahivadanaśilisa nica vriḍhavayarino[a]
catvari tasa vardhati ayo kirta[b] suha bala०

Dhammap., 109 :

abhivādanasīlissa niccaṁ vaddhāpacāyino
cattāro dhammā vaḍḍhanti āyu vaṇṇo sukhaṁ balaṁ

a. Le scribe a fait une confusion entre *apacâyin* et *upacârin;* il devait écrire ou *vriḍhovayarino* ou *vriḍhavayayino*. La comparaison du pâli fait pencher la balance en faveur de la seconde forme. — *b*. Il faudrait *kirti, kīrtti.*

35 d.l.bh.p.r.ṣ.?.........................
.........................yati viru ta kulu suhu modati[a]०

Dhammap., 193 :

dullabho purisājañño, na so sabbattha jāyati
yattha so jāyati dhīro taṁ kulaṁ sukham edhati

a. La répétition de ce vers que donne le Mahâvastu, III, 109, 5, porte *vīra*, comme notre ms., ce qui me paraît en effet préférable. En revanche elle est d'accord avec le texte pâli et avec le mètre pour condamner notre *sukhaṁ modati* qui n'est qu'une *lectio facilior* qu'a introduite le laisser-aller de notre scribe ou d'un devancier, mais dont le sens est moins satisfaisant.

36 [[1]?????? ya narethina[a] v.].[[2] .u.
suha śichi]tasavasa kici teṣa na vijati[b] o

a. Je prends *narethina* = *naritthīnaṁ* « des hommes et des femmes ». — *b.* Bien entendu, il faut comprendre, en pâli : *sukho sikkhitasaṁvāso.* Le dernier pâda est moins clair dans la pensée que dans la forme. Je l'entends comme équivalant à *te* (c'est-à-dire les *sikkhitas*) *akiñcanā bhonti*, et je traduis : « .. La fréquentation des hommes instruits est un bonheur; ils n'ont pas de souillure ».

37 [[3] suha darśana aríana sa][[4] vaso vi sada suho[a]
adaśanena] balana nicam eva suhi sia o

Dhammap., 206 :

sādhu dassanam ariyānaṁ sannivāso sadā sukho
adassanena bālānaṁ niccam eva sukhī siyā

a. La seule variante de notre stance, par comparaison avec le pâli, est dans *savaso pi* pour *sannivāso*; le sens est équivalent, et l'addition *pi* marque la gradation, des relations accidentelles, *darśana*, à la communauté de vie.

[1] Fr. C IX.
[2] Fr. C XVI.
[3] Fr. C IX.
[4] Fr. C XVI.

38 [[1] .lasagatacariu drigham adhvana śoyiṣu[a]
dukha balehi] .vasu amitrehi va savrasi[b] o

Dhammap., 207 :

bālasaṅgatacārī hi dīgham addhāna socati
dukkho bālehi saṁvāso amitteneva sabbadā

---

a. Nous avons ici le pluriel, au lieu du singulier du pâli. Je prends *śoyiṣu* comme un aoriste d'habitude qui revient au sens du présent. Quant au sujet, qu'il faut naturellement compléter *bala°*, c'est *°carino* ou *°carinu* que l'on attend. Je ne vois pas moyen d'échapper à l'hypothèse d'une faute de copiste. La correction la plus simple, il me semble, consisterait à admettre qu'il a écrit *u* pour *i*, les deux caractères ne différant que par le prolongement, sur la droite de la haste, de l'extrémité de la boucle inférieure; *°cari i* serait = *cārī* (pour *cāriṇo*) *ca*, On remarquera dans *sagata* la forme du *g*; il ressemble de bien près à un . — *b*. *Savrasi* ne peut correspondre exactement à *sabbadā* que si l'on admet une double irrégularité, un mâgadhisme et la substitution de *s* à *ś*, pour arriver à *sarvaśo*. Il est, à mon sens, beaucoup plus probable que le scribe s'est trompé et a lu *savrasi* pour *savradhi* (*sabbadhi* en pâli), l'*s* et le *dh* ne différant ici que par la direction du crochet inférieur.

39 . . . .[a] [[2] suhasavasa ñatihi va samakamo[b]
dh][[3] ira hi prañai] bhayeya panito dhorekaśila va-
[tamata aria[c]

[1] Fr. C XVI.
[2] Fr. C XXXVI.
[3] Fr. C XXXV.

40 [[1] tadiśa sapuruṣa sumedha bhay... [[2] nachatrapatha [va cadrimu o ra]dhe arovacamàsa parikica uvahana [d]

41 .... [[3] jahati kamana tada sa majati] [[4] s.h. sarva ca suhu] ichia sarvakama paricai o

Dhammap., 207 (suite) :

dhīro ca sukhasaṁvāso ñātīnaṁ va samāgamo

208 :

dhīrañ ca paññañ ca bahussutañ ca dhorayhasīlaṁ vatavantam ariyaṁ
taṁ tādisaṁ sappurisaṁ sumedhaṁ bhajetha nakkhattapathaṁ va candimā

a. On voit que, dans ces trois lignes, les vers chevauchent de l'une sur l'autre. Malgré la ponctuation finale de la ligne 38, les deux premiers pâdas de la ligne 39 appartiennent ici, comme au vers 207 du Dhammapada, à la stance précédente, formée ainsi à six pâdas. La différence de mètre entre le commencement de la ligne et la suite ne laisse à cet égard aucun doute. La comparaison de Dhammap., 208 s'accorde avec la ponctuation qui suit *cadrimu*, pour prouver que, avec ce mot, finit, au milieu de la ligne 40, une nouvelle stance. La suivante devait être derechef un śloka à six pâdas qui finissait avec la ligne 41, et, aussi bien, notre ligne 40 ne porte pas, à la fin, la ponctuation terminale. — *b*. Les traces conservées par le fr. XXXVI pour le commencement assurent la lecture *suha-*

[1] Fr. C XX.
[2] Fr. C XXXV.
[3] Fr. Ć XX.
[4] Fr. C XXXV.

savaso. — *c.* Malgré sa ressemblance avec la version pâlie, notre texte s'en éloigne d'une façon assez sensible : le verbe *bhajati* répété au dernier pâda, parait dès le premier ; il est ici à la troisième personne ; je ne puis décider si *paṇḍito* en est le sujet où représente un accusatif *paṇḍitaṁ*, coordonné aux autres. Le *hi* qui suit *dhira* semble équivaloir au *tasmā hi* qui, par une exception unique, précède cette strophe dans le texte pâli. Je ne doute pas que notre texte n'ait la bonne tradition, et que l'addition *tasmā hi* ne soit une extension secondaire de notre simple particule, extension qu'expliquerait assez le fréquent emploi de cette formule dans d'autres cadres. Notre *dhoreka* est = sanscrit *dhaureya*, avec *k* pour *y*, comme nous l'avons déjà rencontré. Je doute fort que le *dhorayha* pâli soit véritablement = *dhauravāhya* (d'après Fausböll et Childers), et je crois plutôt à quelque restitution mal inspirée d'une forme comme la nôtre qui a pu dérouter certains diascévastes. — *d.* Je regrette d'autant plus de n'avoir pas encore découvert une contre-partie de cette stance que tout le commencement reste pour moi très obscur. Il semble que les premiers pâdas se doivent transcrire en sanscrit *ratha* (°*the*) *āropyacarmano pariṣkṛtyodvāhanaṁ ;* et en supposant cette transcription exacte, on en pourrait tirer quelque chose comme ce sens : « ayant préparé la courroie du marchepied qui sert à monter dans le char » ; mais, outre que tout cela est assez embrouillé, je n'imagine pas, étant donné ce qui suit, comment ce début se soudait à la fin de la stance. Je pense qu'il y faut compléter au commencement *yada.* Je prends *kamana* soit pour *kāmāni* soit pour le génitif faisant fonction d'accusatif, comme il arrive si souvent dans le style du Mahâvastu. Admettant ensuite que *majati* = sanscrit *majjati* et que *s.h.* représentent *saha, sukhaṁ*, j'obtiens ce sens : « Quand on supprime les désirs on se plonge dans le bonheur ; que l'on désire tout bonheur et que l'on dépouille tout désir ».

42 .... [[1]nena yo atmano] ....
.... ?? so duha na parimucati [a] o

a. « Celui-là (dont la description est perdue avec les premiers pâdas) n'est pas délivré de la douleur. » Ce que je puis comparer de plus analogue est Dhammap., 189 : .... *na* .... *sabbadukkhā pamuccati.*

43 jaya v.ra [[2] prasahati [a] dukhu śayati parayitu
uvaśatu sohu śa]yati [b] hitva jayaparayaa o

Dhammap., 201 :

jayaṁ veraṁ pasavati dukkhaṁ seti parājito
upasanto sukhaṁ seti hitva jayaparājayaṁ

a. L'*h* de *prasahati* est très net. Je ne vois pas que ce puisse être autre chose qu'une faute matérielle du scribe. — *b.* On voit que notre texte écrit indifféremment *śayati* ou *śeti.*

44 anica vata [[3] saghara upadavayadhamino
upaji ti nirujhati] teṣa uvaśamo suho [a]

a. C'est-à-dire *anityā vata saṁskārā utpādavyayadharmiṇaḥ utpadya te nirudhyante teṣām upaśamaḥ sukhaḥ.* « Les saṁskâras sont impermanents, soumis à la production et à la destruction; à peine produits ils disparaissent : leur suppression est un bien ». *Upaji* pour *upaja*, comme *ji* pour *ca.*

Fragments de C.

Pour rester fidèle à l'analogie, je marque du signe [ro] (recto) les fragments de couleur foncée qui doivent se

[1] Fr. C XIX.
[2] Fr. C XIX.
[3] Fr. C XIX.

rattacher au côté de la feuille C que j'ai noté de la même manière, et de ^{vo} (verso) les fragments de teinte plus claire qui se rapportent au côté opposé.

I^{ro}. Se raccorde au-dessous du fr. II^{ro}. Voir C^{ro}, l. 27-29.

1 sañatu sukati yati drugati yati asañatu
ma sa viśpaśa ……
2 savutu pratimukhasa idrieṣu ya pajaṣu
pramuni anu ……
3 …… v . s . t
śudhasa suyi ……

I^{vo}. Se raccorde au-dessus de fr. II^{vo}. Cf. C^{vo}, l. 19-22.

1 …… śuhavijinena jaradha ……
2 . yara jiyamanena ḍajhamanena nivruti
nimedha? ……
3 jiyati hi rayaradha sucitra adha śarira bi jara uveti
na ta tu dharma ca ja ……
4 (muj . p . rat . muj) ……

II^{ro}. Se raccorde au-dessous de fr. IV^{ro}. Cf. C^{ro}, l. 24-26.

1 …… u . . . o ……
2 ṣadhu śilena sabano (yaśabho)hasamapitu ……
3 yo natmahetu na parasa hetu pavani kamani samaya-

II^{vo}. Se raccorde au-dessous du fr. I^{vo}. Cf. C^{vo}, l. 22-25.

1 …… u pachatu majhatu muju bhavasa parako
sarvatra vi ……
2 ……ga 25
3 aroga parama labha satuṭhi parama dhana
vaśpaśa parama mitra ……

4 .... saghara parama duha
eta ñatva ya ....

III[ro]. Fin de ligne.

1 .... avaja ida vidva samucari[a] o
2 .... pruvina savasañoyanachaya o

a. Le fragment porte bien *mu*, bien que *samuccarati* soit d'un emploi infiniment rare, et que *samācarati* soit au contraire fréquent. On peut transcrire *āvadya(ṁ) idaṁ vidvān samuccaret*. — *b*. On peut transcrire : *pūrveṇa sarvasaṁyojanakshaya(ṁ)*.

IV[ro]. Se raccorde au-dessus du fr. II[ro] et au commencement des lignes 22-24.

1 ya keja yaṭha va ho. va łok ....
2 ~~~~~~~~~~~~~~~~~~~~~~~~~~~~
3 śilamatu s.yis.ch ....

V[ro]. Le haut se raccorde par la droite au fr. XIII[ro]. Cf. l. 30-33 de C[ro].

1 .... carita cari
dhamayari suh. ....
2 (aho) nako va sagami cavadhi vatita śara
ativaka ti ....
3 .sa acata druśilia malua vavi łata vani
kuya ṣu tadha ....
4 ....yok.ḍ.bh ....

VI[ro]. Se raccorde à C[ro], 1.

...................yamałoka ji ....

VII^{ro}. Se rattache aux lignes 4-7 de C^{ro} et se raccorde à la nière ligne du fr. xi.

1 .... ?ne
abhi . o ....

2 ~~~~~~~~~~~~~~~~~~~~ ga 1 5

3 .... hasasahasani sagami manuṣa jini
eka ji ....

4 .... sa bi ya gaśana anathapa[a] ....

a. — Ou *anartha*°; le bas du caractère a disparu.

VIII^{ro}. Se rattache à la ligne 12 de C^{ro}.

. samase sahasena yo yaea śatina ca
neva ....

IX^{ro}. Se raccorde au-dessous de la ligne 10.

1 .... gadha ....

2 masamasi sahasina yo yaea ....

IX^{vo}. Forme le commencement des lignes C^{vo}, 36, 37, et se raccorde sur sa gauche au fr. xv^{vo}.

1 .... ya narethina v ....

2 suhu darśana ariana sav ....

X^{ro}.

śudhasa hisadaśi gu śudhasa posarudra[a] ....

a. Nous avons rencontré déjà *gu = khalu;* je suppose qu'il en est de même ici, et je propose de transcrire *śuddhasya hiṁsādarśī khalu*; mais le fragment est trop court pour permettre aucun essai d'interprétation jusqu'à ce que la rédaction sanscrite ou pâlie en ait été retrouvée ailleurs.

XI^ro se raccorde au fr. VII^ro.

1 ....padasahita

e..

2 ....śata bhaṣe anathapadasahita

XII^ro.

1 ....jini ....

2 ....kavayapada ....

XIII^ro. Se raccorde à droite en haut du fr. V.

dhamu cari sucarita ....

ah?..

XIII^ro. Se raccorde au-dessous du fr. XIV^vo et commence la l. C^vo, 18.

imina putikaena vidvarena..

XIV^vo. Se raccorde au-dessous de la ligne C^vo, 14. Cf. l. 15 et suiv.

1 ....avathani a.u ....

2 yanimani prabhaguni vichitani diśodiśa

kavotaka...

3 imina putikaena aturena pabhaguna

nicaśuhavijinena jaradhamena s..

4 ....

(nicaśuhavijinena) ....

XV^vo.

1 ....bhayo

emu jatasamaca..

2 ....ya

emu ne(?)rayamuca...

XVI^{vo}. Se raccorde aux lignes C^{vo}, 36-38.

1 .... u.
suha śichita ....
2 .... (sa)vaso vi sada suho
adaśanena ....
3 .lasagatacariu drigham adhvana śoyiṣu
dukha bałehi ....

XVII^{vo}.

.... satohiṣasabhi pravera(ya) ....

XVIII^{vo}. Fin de ligne.

1 .... ti so gachu na nivatati o
2 .... va maṁsana ki teṣa ukumulana[a] o

a. La transcription de ces quelques restes ne donne, pourl seconde ligne au moins, aucun sens complet : *sa gacchan na nivartati :* « dans sa course, il ne revient jamais en arrière » ; *māṁsānāṃ kin teṣām okaunmūlanaṁ. Māṁsa* doit faire partie d'un composé qui se rapportait à *teṣāṁ.* A ne considérer que la forme, on pense d'abord à *ulkā-unmūlana ;* mais c'est une façon de parler bien peu vraisemblable et je crois plutôt à la transcription que j'ai proposée : « la destruction de leur demeure . . . ».

XIX^{vo}. Se raccorde aux lignes 42-44 et suiv.

1 .... nena yo atmano ....
2 .... sahati dukhu śayati parayitu
uvaśatu so hu ś ....
3 .... saghara upadavayadhamino
upaji ti nirujhati ....

XX^{vo}. Se raccorde à la suite du fr. xxxv^{vo}, l. 39-41.

1 ……………… ?u.s.v.s ………………

……… diśa sapuruṣa sumedha bhay ………………

……… jahati kamana tada sa majati ………………

XXI^{ro}. Se raccorde au-dessous du fr. xiii^{ro}. Cf. l. 19-20.

imina putikaena viśravatena putina nicaś ………

XXII^{ro}. Se raccorde à la ligne C^{ro}, 31, sur la gauche de fr. v^{ro}.

1 ……………… ? druśilo hi bah ………………

2 ……………… tmana yadha na viṣamu ichati

XXII^{ro}. Se raccorde au fr. C xiv^{ro}; cf. l. 15-16.

1 ……………… ni śishani tani diṣṭani ka ………

2 ……………… aṭhini tani diṣṭani ka ………

XXIII^{ro}. Fin de ligne.

……………………………… lapabhavabanana o

XXIV^{vo}. Se raccorde dans la ligne C^{vo}, 28, q. c.

……………… veraneṣu ma ………………

XXV^{vo}.

1 ……………… radhamena savaśu ni ………………

2 ……………… ? ? ? ………………

XXVI^{vo}. Se raccorde au-dessous de la ligne 19. Cf. l. 20-21.

1 ……………… ????? ………………

2 ……………… parama śodhi yokachemu anutara

3 ……………… ra uveti ………………

XXVII^{ro}. Se raccorde par la gauche au fr. xxx^{ro}, et se place aux lignes C^{ro} 38-40, q. c.

1 ....?? .... kici kicakali adea tata diśa parika ....
2 .... pacha ṣakaru ichati atha dubakati balu ....
3 .... ṣehu pacha tavati drukita kita nu sukita ṣeh ....

XXVIII^{ro}.

.... yati unaḍana pra ....

XXIX^{ro}. Commencement de la ligne C^{ro}, 21.

eka ji bhavitatmana muhut ....

XXX^{ro}. Se raccorde à la suite du fr. xxvii^{ro}. Cf. l. 38-40.

1 .... ma kicakari no i kica kiciali adea
2 .... suhatu parihayati
3 .... ya kitva nanutapa(?)ti

XXXI. Se raccorde aux fragments de caractères conservés par la ligne 26, dans :

.... samidhi atmano so śilava ....

XXXII^{vo}. Se raccorde à C^{vo}, 3.

.... prabhaguno bheṅsiti p . ti ....

XXXIII^{ro}. Se raccorde à C^{vo}, 4.

.... lite sati an . kar . ? prachiti pra ....

XXXIV^{ro}.

.... suruga ....

XXXV^{vo}. Se raccorde par la gauche aux lignes 39-41, et par la droite aux fr. xxxvi et xx.

1 .... ira hi prañai ....
2 .... nachatrapatha va cadrimu o ra ....
3 .... s . h . sarva ca suhu ....

XXXVI^{vo}. Se raccorde au précédent.

.... s . h . s . v . s. ñatihi va samakamo ....
dh ....

XXXVII^{ro}.

1 .... j . . . t . s ....
2 .... chirena ....

XXXVIII^{ro}.

.... rasa ṣaga ....

XXXIX^{vo}.

.... ka parama . ok . ...
.... ruha paricai ....

XL^{ro}. Débris de la ligne 19; le haut seul des caractères est conservé.

.... medha paramaśodhi yokachem ....

XLI^{ro}. Se rapporte à C^{ro}, l. 34.

.... ga 10

XLI^{vo}. Se raccorde à C^{vo}, 14.

.... ṣiti ruchu ....

XLII^{ro}. Se raccorde à C^{ro}, 15.

.... ea śatena ca ....

APPENDICE.

Je suis heureux de pouvoir rectifier dès maintenant la transcription que j'ai été d'abord amené à proposer pour le vers du manuscrit Dutreuil de Rhins qui forme la ligne 38 de C^ro. J'avais eu raison de ne présenter mon interprétation que comme une hypothèse provisoire. La rencontre que, en une lecture récente, j'ai faite d'une contrepartie pâlie très analogue, sinon absolument identique, me met en état de l'améliorer sensiblement.

Je ne vois rien à changer à la lecture matérielle des caractères, mais bien à la division des mots, et je transcris maintenant :

> pure i kica parijaga — kici kicakali adea
> ta tadiśa parikamakicakari no i kica kiciali adea

Le vers pâli se trouve au Samuddavâṇijajâtaka (Fausböll, IV, 166 et suiv.). C'est l'histoire de mille familles de charpentiers qui, tourmentées par des créanciers pressants, s'expatrient sur un bateau construit de leurs mains. Le vent les pousse en plein océan vers une île fortunée où ils n'ont qu'à se laisser vivre dans l'abondance. La troupe est partagée en deux moitiés qui obéissent chacune à un chef, l'un prudent, l'autre dominé par la gourmandise; celle-ci a fabriqué du rhum, et, dans l'ivresse, a manqué à la condition que les dieux de l'île avaient mise au séjour des nouveaux venus. Les dieux se disposent à se venger en provoquant une inondation de l'océan qui balayera l'île entière. Avertis par un deva compatissant, les charpentiers avisés se construisent un vaisseau sur lequel ils échappent au moment du danger; les autres préfèrent croire aux trompeuses promesses d'un autre deva; ils périssent, victimes de leur optimisme paresseux.

Une moralité en trois stances est mise dans la bouche du

Buddha (*abhisambuddhagâthâ*) pour insister sur la nécessité de la prévoyance. La troisième est ainsi conçue dans le texte de M. Fausböll :

Anāgataṁ paṭikayirātha kiccaṁ
mâ maṁ kiccaṁ kiccakāle vyadhesi
taṁ tādisaṁ paṭikatakiccakāriṁ
na taṁ kiccaṁ kiccakāle vyadheti

« Il faut prévenir le besoin futur, pour qu'à l'heure du besoin le besoin ne nous apporte pas de souffrance; celui qui agit ainsi, qui fait ce qu'il faut pour prévenir le besoin, celui-là, à l'heure du besoin, le besoin ne lui apporte pas de souffrance. »

Je préférerais, au second pâda, écrire *mā naṁ* ou *mā taṁ*; mais à la rigueur, en suppléant *iti* à la fin, la première personne se laisse interpréter. *Vyadheti* est, je crois, = *vyathayati*, bien que le scoliaste paraisse écrire *vyādhesi*, que le mètre ne supporte guère, et qu'il semble entendre comme un dénominatif de *vyādhi*.

Quoi qu'il en soit, l'étroite parenté de cette strophe avec celle de notre ms. kharoṣṭhī n'est pas moins apparente que les différences qui l'en distinguent. Du rapprochement il ressort qu'il faut, en restituant les anusvâras que le ms. ne note guère, entendre :

pure (h)i kica(ṁ) parijaga — ma ta(ṁ) kica(ṁ) kicakali adea
ta(ṁ) tadiśa(ṁ) parikamakicakari(ṁ) no (h)i kica(ṁ) kica(k)ali adea

Les difficultés ne sont pas supprimées, si le sens général devient certain. Il y a d'abord la lacune de quatre syllabes : pour les deux premières, je ne puis jusqu'à nouvel ordre que maintenir la conjecture en vertu de laquelle j'ai proposé de compléter *parijagarea; parijaga* étant parfaitement net, je ne vois pas comment on pourrait admettre une correspondance littérale avec *paṭikaroti* du pâli. Les deux syllabes suivantes devaient être *ma naṁ* ou *ma taṁ*.

Au troisième pâda *parikama*, *parikarma*, est en somme peu éloigné de *pratikṛta*; mais le substantif ne peut remplir exactement la fonction du participe. Si *kṛtya* n'était dans toute la strophe employé absolument, au sens de « besoin », *parikarmakṛtya* se traduirait bien : « ce qu'il y a à faire comme préparation ». Malgré les difficultés que l'application particulière de *kṛtya* dans *kicakale* paraît opposer à cette interprétation, je n'en vois pourtant pas d'autre à proposer.

Si l'on passe sur l'*i* certainement fautif de *kici* pour *kica* aux pâdas deux et quatre, il reste encore une pierre d'achoppement dans *adea*. A en juger par le pâli, il faudrait *vadhea* = *vyathayeya*. Une pareille déformation est trop anormale pour qu'il soit aisé de l'admettre. Mais l'explication que j'avais tentée = *adeyaṁ* tombant nécessairement, je n'ai rien à proposer qui me satisfasse; *ādeyya*, de *ādīyati*, ne se pourrait expliquer, au sens de *prendre*, *dominer*, *maîtriser*, qu'en violentant d'une façon inquiétante l'acception ordinaire.

E. SENART.

A[1]

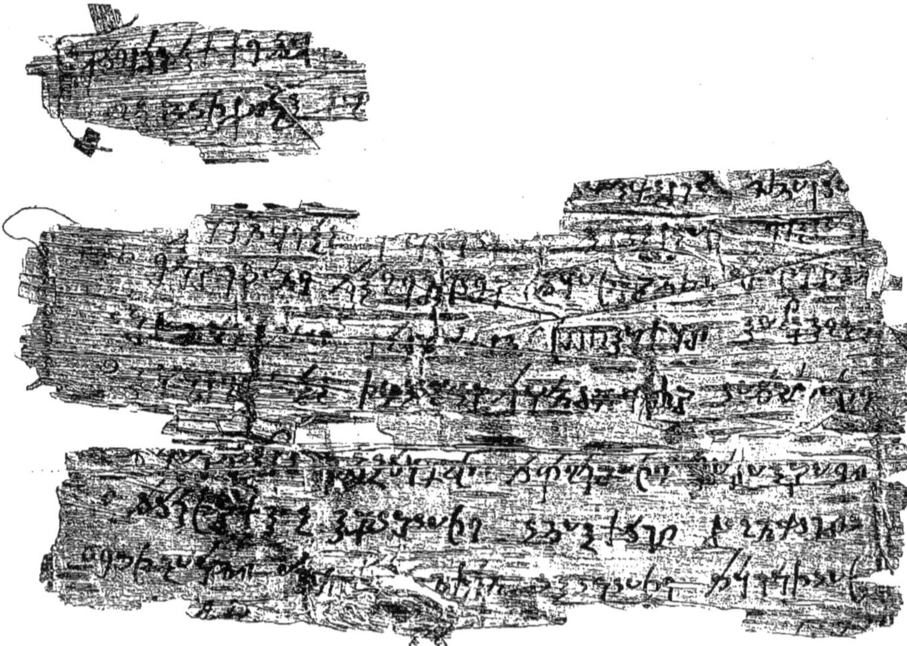

A[2]

Phototypie Berthaud, Paris.

A3

A4

Phototypie Berthaud, Paris.

Ms Dutreuil de Rhins. — III.

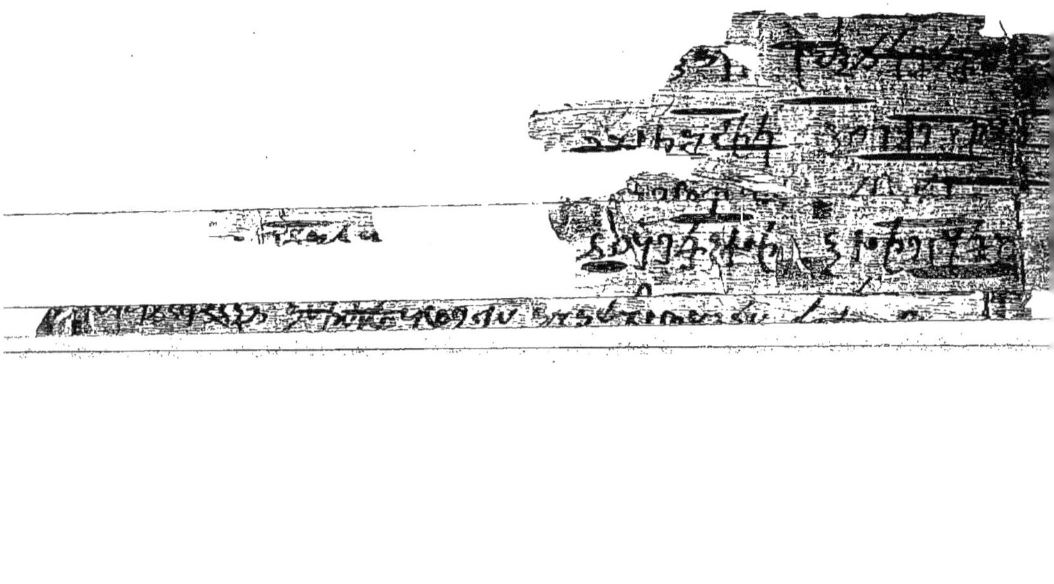

B

Cr°

Phototypie Berthaud, Paris.

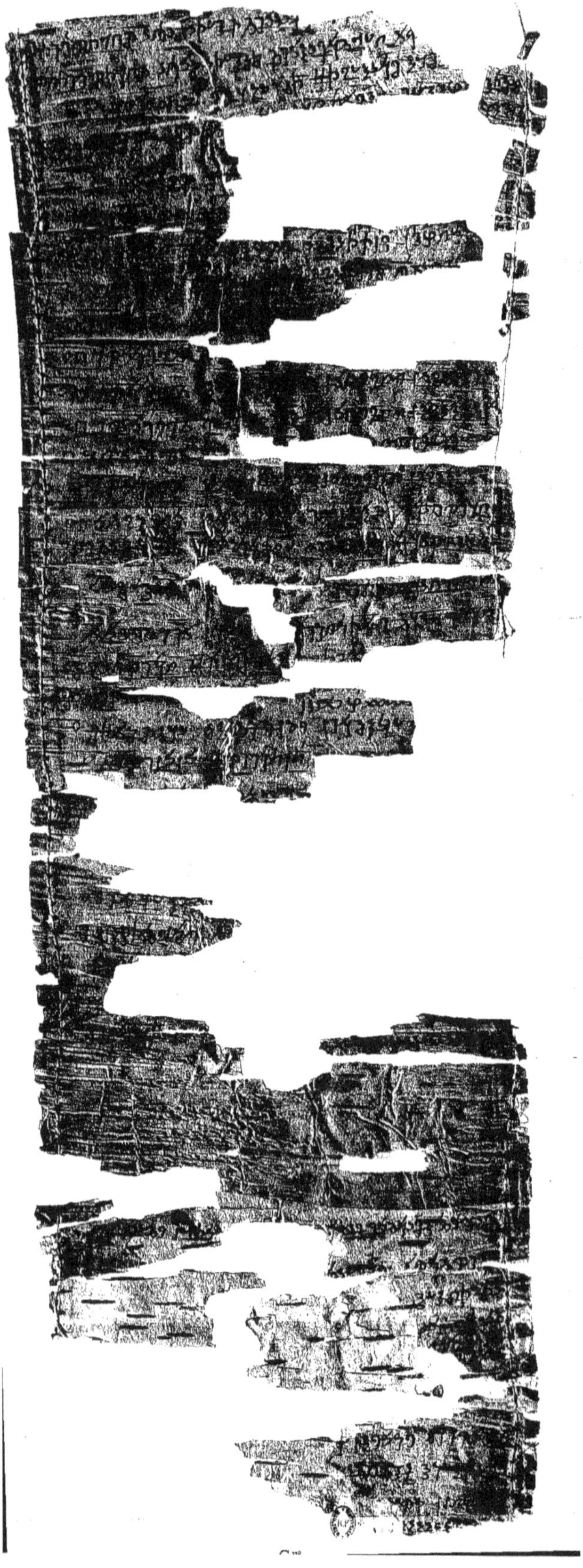

Cv°

Phototypie Berthaud, Paris.

www.ingramcontent.com/pod-product-compliance
Lightning Source LLC
Chambersburg PA
CBHW072117090426
42739CB00012B/3003
* 9 7 8 2 0 1 2 6 8 7 8 5 1 *